跆拳道实战技术教学研究

罗 勇 著

人民体育出版社

图书在版编目（CIP）数据

跆拳道实战技术教学研究 / 罗勇著. --北京：人民体育出版社，2021
　　ISBN 978-7-5009-6036-2

　　Ⅰ.①跆… Ⅱ.①罗… Ⅲ.①跆拳道-教学研究 Ⅳ.①G886.92

　　中国版本图书馆 CIP 数据核字（2021）第069493号

*

人 民 体 育 出 版 社 出 版 发 行
北京盛通印刷股份有限公司印刷
新 华 书 店 经 销

*

787×960　16开本　12.75 印张　216 千字
2021 年 11 月第 1 版　2021 年 11 月第 1 次印刷

*

ISBN 978-7-5009-6036-2
定价：78.00 元

社址：北京市东城区体育馆路 8 号（天坛公园东门）
电话：67151482（发行部）　　　邮编：100061
传真：67151483　　　　　　　　邮购：67118491
网址：www.sportspublish.cn
（购买本社图书，如遇有缺损页可与邮购部联系）

前　言

　　跆拳道是一个起源于朝鲜半岛的竞技体育项目。自2000年成为奥运会正式比赛项目以来，全球范围内有更多人愿意加入跆拳道竞技活动中，感受跆拳道带来的魅力。

　　随着社会的发展，跆拳道以其浓厚的东方哲学意蕴和独特的魅力，吸引着越来越多体育爱好者的参与。作为年轻人锻炼的一种时尚，跆拳道对学习者有着特殊的教育意义。练习跆拳道不仅具有强身健体、防身自卫、修身养性的作用，同时还对人的精神品质和道德情操有着重要的熏陶作用。跆拳道运动能够提高练习者的力量、速度、灵敏、柔韧、耐力和爆发力等身体素质，培养他们谦逊宽容、礼让忍耐、团结友爱、爱国爱民的优良品质和沉着冷静、自信果敢、吃苦耐劳、坚韧不拔、奋发向上的精神状态，并帮助他们摒弃自身懒惰、软弱、胆怯、消极的心态，这也是跆拳道运动能够在世界范围内得以传播的主要原因。近年来，我国跆拳道竞技水平不断提高，在奥运会、亚运会、世界锦标赛以及世界大学生锦标赛上，我国选手都屡创佳绩，从而给国内跆拳道运动的发展带来了前所未有的契机。自2000年悉尼奥运会跆拳道被列为奥运会正式比赛项目后，跆拳道课程也逐渐成为我国各大高校的体育必修课或选修课。

　　本书内容理论性强、专业性强，在我国跆拳道教学的基础上，结合了现代跆拳道教学的方法和手段，对跆拳道运动员和跆拳道爱好者练习跆拳道、开展实战训练等具有一定的指导意义。本书在对跆拳道起源、特征和教学理论进行阐述和说明的基础上，首先，对跆拳道运动美学特点和教育价值进行研究，有利于培养学生的审美能力和陶冶情操；其次，对跆拳道的基本技术、战术与实践进行解读和研究，其内容涵盖了国内外竞技跆拳道技战术的发展现状解读、主动进攻技术的影响因素、训练理念的转变三个方面的内容；再次，对身体素质做出系统的论述，从而进一步巩固了实战技术能力；最后，主要对跆拳道运动的医务保健进行系统的探讨，对于跆拳道练习过程中的自身保护和受伤后的处理有重要作用。

  本书在撰写过程中，借鉴和参考了很多专家和学者的研究经验和资源，在此深表谢意。同时，由于水平有限，书中难免会有不周到的地方，希望读者给予批评指正。

著者

2020年8月

目 录

第一章　绪论 …………………………………………………（1）

　　第一节　跆拳道运动的特点与作用 ………………………（1）
　　第二节　跆拳道运动的精神与礼仪 ………………………（4）
　　第三节　跆拳道运动的级位和段位 ………………………（7）

第二章　跆拳道运动教学研究 ………………………………（9）

　　第一节　跆拳道运动教学的目标与任务 …………………（9）
　　第二节　跆拳道运动教学的基本原则和注意事项 ………（10）
　　第三节　跆拳道运动教学的内容与方法 …………………（13）
　　第四节　跆拳道运动教学的程序和步骤 …………………（17）
　　第五节　跆拳道运动教学文件的设计 ……………………（19）
　　第六节　跆拳道运动的成绩考核 …………………………（27）

第三章　跆拳道运动中的美学教育 …………………………（30）

　　第一节　跆拳道运动的美学特征 …………………………（30）

第二节 跆拳道运动的美学体现 …………………………………（40）

第三节 跆拳道运动的审美价值 …………………………………（46）

第四章 跆拳道技术教学 ……………………………………（49）

第一节 攻防部位 …………………………………………………（49）

第二节 实战姿势与步法 …………………………………………（51）

第三节 进攻技术 …………………………………………………（54）

第四节 防守技术 …………………………………………………（71）

第五节 防守反击技术 ……………………………………………（74）

第六节 攻防技术组合 ……………………………………………（75）

第七节 实战技术要素 ……………………………………………（77）

第五章 跆拳道战术教学与心理训练 …………………………（84）

第一节 跆拳道战术与训练方法 …………………………………（84）

第二节 跆拳道的心理训练 ………………………………………（104）

第六章 跆拳道运动的身体素质训练 …………………………（109）

第一节 力量素质训练 ……………………………………………（109）

第二节 速度素质训练 ……………………………………………（127）

第三节 耐力素质训练 ……………………………………………（137）

第四节 柔韧素质训练 ……………………………………………（144）

第五节 灵敏素质训练 ……………………………………………（148）

第七章　跆拳道品势 ……………………………………（153）

第一节　跆拳道品势概论 ……………………………（153）
第二节　跆拳道品势的练习方法 ……………………（159）
第三节　跆拳道品势教学 ……………………………（167）

第八章　跆拳道运动的安全与医务保健 …………（181）

第一节　跆拳道运动常见损伤与处理 ………………（181）
第二节　跆拳道运动损伤的预防 ……………………（187）

参考文献 ………………………………………………（190）

第一章 绪论

跆拳道起源于朝鲜半岛，距今已有2000多年的历史。关于跆拳道的定义，可以从"跆""拳"和"道"三字的含义进行分析。"跆"意为以脚踢、摔撞，"拳"意为以拳头打击，"道"意为一种艺术方法，综合来说，跆拳道是一种利用拳和脚的艺术方法。跆拳道以腿法为主占70%，级位品势8套，段位品势9套。另外还有兵器、擒拿、摔锁、对拆自卫术及10余种基本功夫。跆拳道是经过东亚文化发展的一项朝鲜武术，以东方心灵为土壤，承继长久传统，以"始于礼，终于礼"的武道精神为基础。

第一节 跆拳道运动的特点与作用

一、跆拳道运动的特点分析

（一）腿部运动为主，手部为辅

现代跆拳道运动的腿法在其技术体系中大约占有五分之四的比例，这也是跆拳道运动比较突出的特点之一。跆拳道运动的比赛活动中，腿部的攻击要远远大于手部的攻击力量，同时，跆拳道运动比赛活动中主要的得分手段也离不开腿法较大的威力与较广的攻击范围。同时，在竞技跆拳道运动的比赛规则中，对于腿法的使用也是积极鼓励的。在竞技跆拳道运动的比赛活动中，运动员的攻击行为或者反击行为只允许使用一种拳法，需要注意的是，在这样的情况下，得分的概率是比较低的，间接地提升了运动员使用腿法的概率。但是，如果跆拳道的实战活动中没有竞赛规则的存在，那么在攻击或反击对手的时候可以通过人体的一些主要关节来完成。这也在无形中促进了跆拳道运动显著特点的形成，即腿部运动为主，手部为辅。

（二）刚直相向的动作与实用简捷的技击方法

在跆拳道运动的实战活动中，通常会通过手臂、拳头、掌等来格挡防守，之后的攻击会由连续的、迅速的腿法组合来完成，可以是接触防守，也可以是直接攻击，而闪躲避让法则很少被使用。在跆拳道运动的实战中，攻击对手主张的是以刚制刚、硬打硬拼，强调攻击对手时技击方法的硬朗、简明。同时，还要尽可能地保持或者缩短对战双方间的距离。在跆拳道运动进攻或反击实施的过程中，运动员的动作路线主要以直线型为主，此种方法具有简单便捷的特点，强调有效性的击打，所以，对于跆拳道运动而言，刚直相向的动作与实用简捷的技击方法是其特点之一。

（三）具有独特的功法，强调内外兼修

在跆拳道运动训练活动开展的过程中，通常练习者的状态都是赤手空拳。通过专门性的训练活动以后，练习者的关节部位能够发挥出较大的威力，需要强调的是，这个威力是常人很难达到的，这一点在手部功力和脚部功力上体现得更加显著。这样综合性结果的形成是意念和动作长时间相互渗透所导致的，能够使练习者实现机体内外合一的境界，即精神和劲道、内力与外力间的统一协调。

（四）将功力作为检验练习者水平的重要标准

要想了解跆拳道运动练习者的水平程度和技术动作威力，就需要通过一些方式进行检验，常用的检验方式有：要求练习者对砖石或木板等物体通过手、脚或其他部位来分别击碎。上述方法不仅是跆拳道运动中检验练习者功力和水平的有效手段，还作为一项重要内容在现代跆拳道运动的练习活动、晋级活动、表演活动和比赛活动中广泛使用。

（五）发声扬威，强调气势

无论是在跆拳道的训练活动和比赛活动中，还是在跆拳道品势练习活动中，都要求练习者具有较强的气势。在跆拳道练习者展示自身功力时，需要保证发声洪亮且具有较强的威慑力。但是在跆拳道运动中，发声存在的作用究竟有哪些呢？针对这一问题，笔者进行了如下总结与分析。

（1）对于跆拳道运动的练习者而言，发声能够集中其注意力，同时还能够

保证练习者自身大脑皮质处于兴奋状态，进而能够对训练活动和比赛活动的完成起到一定的促进作用。

（2）通过对相关文献资料的查阅、总结可以得知，有一些专家已经通过研究证明，如果练习者的发声洪亮，能够增强人的爆发力，通过发声能够增大跆拳道技术的杀伤力。

（3）对于跆拳道运动的练习者而言，发声能够提升其斗志，进而在气势上碾压对手，实现在心理方面战胜对手的最终目的。

（4）对于跆拳道运动员而言，想要获得裁判员的认可，击打效果和发声间的有机结合是很有必要的，更容易在跆拳道比赛中得分。

（六）强调"以礼始，以礼终"，有效培养跆拳道练习者的道德品质

"礼"是跆拳道训练活动的主要内容之一，需要练习者始终坚持。在跆拳道运动训练活动或比赛活动中，强调"以礼始，以礼终"。即不管是跆拳道运动的训练活动，还是比赛活动，都需要开始于行礼，结束于行礼，同时，有一点需要注意的是，在这一过程中要展现出爱国主义精神。跆拳道运动练习者面对队友、老师、长辈和教练员鞠躬、行礼，能够养成他们内心良好的礼仪习惯，有效促进相互学习作风的形成与谦虚、谨慎、友好、忍让态度的发展，此外，还能够培养跆拳道练习者拼搏向上的精神与坚韧不拔的意志品质。

二、跆拳道运动的重要作用分析

（一）促进跆拳道运动练习者强健身体、自卫防身目标的实现

跆拳道运动相关练习活动的开展，对于练习者肌肉收缩能力、伸展能力的提高与各关节灵活性的提升能够起到一定的促进作用，同时能够有效培养跆拳道练习者的力量素质、耐力素质、柔韧素质和灵敏素质等，此外，还能够对神经系统功能的发展起到一定的促进作用。

如果跆拳道运动练习者能够长时间坚持练习，那么其体质必定会有所增强，同时，还能够塑造练习者强壮的体魄和健美的身材。在跆拳道的训练活动中，练习活动主要是攻防对抗。通过练习活动的反复进行，能够逐渐提升练习者的跆拳道技术水平与战术水平，同时培养他们的反应能力。此外，跆拳道训

练活动的长期开展，能够增强练习者手、脚和其他关节的力量，使之威力远超常人，促进防身自卫目标的最终实现。

（二）使跆拳道运动练习者修身养性，培养其优秀的意志品质

对于跆拳道运动而言，其练习活动从本质上强调了内外兼修的过程，且对于"以礼始，以礼终"的尚武精神始终倡导，同时，百折不挠、克己忍耐是跆拳道运动精神的内涵所在。在跆拳道运动精神的影响下，练习者的良好习惯得以养成，即吃苦耐劳、顽强果断等，同时还能够帮助练习者形成高尚的爱国主义情操与谦逊礼让、宽厚待人的传统美好德行。此外，跆拳道运动的精神还能够磨炼练习者坚韧不拔、积极向上的意志品质。

（三）跆拳道运动能够通过娱乐观赏使练习者情操得到陶冶

对于跆拳道运动而言，在具备强身健体、自卫防身功能的同时，还存在一定的观赏性价值。在跆拳道运动训练活动与比赛活动中，练习者或运动员不仅要斗智斗勇，还要把跆拳道运动的技术通过比赛活动更好地发挥。跆拳道运动对抗的激烈性与紧张性能够将更多美的感受传递给观赏者，容易激发人们的斗志，鼓舞人们奋发向上，同时，还能够陶冶人们的道德情操，使跆拳道运动员高尚的道德品质潜移默化地影响着人们。

第二节 跆拳道运动的精神与礼仪

一、跆拳道运动的精神分析

（一）跆拳道运动将"以礼始，以礼终"作为教育精神宗旨

对于跆拳道运动而言，在礼仪中能够体现出其基本精神。在跆拳道运动开展的过程中，不管是哪种形式的格斗，何种激烈程度，参与格斗的双方都需要将技艺提高与品质磨炼作为跆拳道的精神与目的。所以，在跆拳道运动格斗开展的过程中，双方需要满怀敬意，同对方发自内心地进行切磋。秉承着此种心理状态，格斗双方互相尊敬、互相学习，这也是跆拳道运动练习活动和比赛活

动前后,双方必须互相敬礼的主要原因。

　　跆拳道运动能够同时修炼练习者的身体与精神,在格斗开展的过程中,使练习者理想的、预期的体魄和人格能够得到锻炼与培养,同时,还能够帮助练习者提高防身自卫的本领。所以,在跆拳道运动开展的过程中,不仅是强身健体、自卫防身,还能够锻炼练习者的精神,这一点也是最为关键的。应该通过跆拳道运动的开展,向练习者传达礼仪,使他们获得"礼仪"的熏陶,从而对练习者的精神锻炼产生一定的影响。综上所述,跆拳道运动中"礼仪"的重要性不可忽视。

(二)跆拳道教育精神:克己、礼仪、和平、服务

　　学习跆拳道,学到的不仅是不屈不挠的精神,更是一个人之所以为人的真正含义。通过一项运动,看到了一个民族的伟大,而灵魂也在这种运动文化中不断深化,跆拳道也正以它特有的精神传播着它的文化。这种教育文化深远而富有魅力。文化的魅力在于能够深入灵魂,而一个民族的灵魂却是千年文化的积淀。于是,文化之间的交融就显示出了一种广博而深远的精神,跆拳道的文化就带着另一个民族的神秘走进了我们的生活。

　　(1)通过跆拳道修炼可培养克己精神和礼仪精神。克己精神指的是在跆拳道修炼过程中能够克服生理和心理的极限并战胜它们。跆拳道又以礼节和秩序作为原则。在跆拳道道馆里,师生之间和上下级之间所体现出来的礼仪精神是非常重要的,这样的伦理道德从跆拳道教育的第一阶段就开始了。

　　(2)构成跆拳道精神的核心是和谐精神与和平精神。这种精神体现在跆拳道动作、道服及跆拳道品势的技术当中。我们可以在跆拳道动作和道服上发现圆、方、角的三才思想,而这种思想恰恰反映出了东方传统思想非常重视的人与自然和谐相处的特性。跆拳道的所有品势的第一个动作都是从防守动作开始,意味着跆拳道是非暴力性的,跆拳道的搏击技术适用于维护和平和伸张正义,而并非适用于破坏和暴力。跆拳道的和谐精神与和平精神向世界传达爱与和平的普世价值。

　　(3)跆拳道精神体现在跆拳道技术修炼过程中的礼节、规则、跆拳道道服的特征、跆拳道未来的发展方向和内容上。跆拳道所代表的精神就是克己精神、礼仪精神、和平精神和服务精神。跆拳道精神对于教育具有指导意义和价值,这种跆拳道精神不是相互独立的,而是相互关联的。

二、跆拳道的礼仪

（一）练习者进入道馆训练时需要遵守的礼仪

（1）在进入道馆训练时，要求练习者保持头发的整洁与衣着的端正，同时在教练员与队友面前需要将服从、恭敬、互动互学与谦虚的心态表现出来。

（2）当练习者进入道馆训练的时候，需要首先向国旗敬礼，主要的方法是：练习者需要把右手掌放置在自己的左胸前侧，保持立正的站姿，对国旗要保持2~3秒钟的注视，然后练习者还需要向教练员行鞠躬礼。

（3）当两个练习者作为一组开展练习活动的时候，双方首先应该向彼此敬礼，当练习活动结束以后，还需要相互再一次敬礼。

（4）在跆拳道运动的训练中，如果练习者有事需要请假，那么应该首先向教练员敬礼，然后再向教练员说明理由。

（5）在跆拳道运动的训练中，如果练习者的服装或者护具出现脱落的情况，那么练习者应该背对国旗和教练员，等到整理整齐以后，再恢复训练。

（6）当跆拳道运动的训练活动结束以后，练习者应该首先向国旗敬礼，其次向教练员敬礼。当练习者准备离开道馆的时候，需要向国旗和教练员再一次敬礼。

（二）练习者参加比赛时需要遵守的礼仪

1. 练习者参加个人比赛时需要遵守的礼仪

（1）个人比赛开始时练习者需要遵守的礼仪。当跆拳道练习者迈入比赛场地的时候，首先应该向教练员与裁判员行礼，当比赛场地上的主裁判员下达"立正"和"敬礼"的口令以后，双方需要互相敬礼，等到主裁判员"准备"和"开始"的口令下达时，比赛才能够开始。

（2）个人比赛结束时练习者需要遵守的礼仪。当跆拳道运动比赛结束以后，双方运动员需要相对地在各自的位置上站立好，当比赛场上的主裁判将"立正"和"敬礼"的口令下达以后，双方运动员需要互相行礼，之后双方面对裁判长席站立，等待比赛结果的宣布。在比赛结果宣布以后，双方运动员需要面对裁判长席、场上裁判员、对方教练员敬礼，这时比赛宣布结束。

2. 练习者参加团体对抗赛时需要遵守的礼仪

（1）比赛前练习者需要遵守的礼仪。青、红两队的全体队员首先需要根据名单的顺序，成纵队面向裁判席站好，当赛场上的主裁判下达"敬礼"的口令以后，两队的运动员需要向裁判席敬礼。

（2）比赛结束后练习者需要遵守的礼仪。两队的所有运动员，在最后一对运动员的比赛结束以后，需要立刻相对站立在竞赛区域，等到赛场上的主裁判下达"立正"和"敬礼"口令以后，双方运动员互相敬礼。双方运动员需要在主裁判口令下达以后，面对监督官立正站好，然后向陪审人员行礼。

第三节 跆拳道运动的级位和段位

一、跆拳道的级位

跆拳道使用段位来标示练习者的跆拳道的水平造诣。只有黑带才称为段，黑带以下称为级：十个等级各代表的水平不同，初学者只有从十个级别中的十级开始晋升至一级，然后才能入段。其各级别划分如下：

十级为白带，表示空白，根本没有跆拳道知识，意味着入门阶段。

九级为白带加黄杠。

八级为黄带，表示大地。草木在大地生根发芽，意味着开始学习基础动作，正处于基础阶段。

七级为黄带加绿杠。

六级为绿带，表示草木。成长中的绿色草木，意味着正处于技术进步阶段。

五级为绿带加蓝杠。

四级为蓝带，表示蓝天。草木向着蓝天茁壮成长，意味着进度达到相当高的阶段。

三级为蓝带加红杠。

二级为红带。表示已具备相当的威力，意味着克己和警示对手不要接近。

一级为红带加黑杠。

黑带，表示与白色的对立，相对白色技术已经熟练，意味着黑暗中也能发挥自身能力。

进入黑带后可称为段。

二、跆拳道的段位

跆拳道进入段位后一律系黑带，而练习者的腰带代表着其技术等级，段位越高意味着练习者的水平越高。通常，跆拳道主要划分为十级九段的段位。初学者的等级是由十级（低）至一级（高），而黑带新手的段位是由一段至三段，英文称作Assistant instructor，也就是副师范；四段到六段是高水平段位，英文称作Instructor，也就是师范；七段至九段是一种只对那些具备较高学术造诣或者在跆拳道运动的发展方面具有较大贡献的人授予的段位，这里面七段和八段者称作Master，也就是师贤；而九段则是最高段，被人们称作Grand master，也就是师圣。通常只有黑带才能被称作段，而黑带以下则被称作级，并且十个等级各代表着不同的水平，对于跆拳道初学者而言，只有从十个级别中的十级开始逐步晋升到一级，才可以入段。

黑带的段位主要利用黑带上的特殊标记进行区分。除此之外，对于跆拳道段位的区分还需要考虑道服上的标记，通常当练习者处于一段到三段时，其道服的边上会有黑色的带条，而当练习者处于四段以上时，其道服的衣袖与裤腿两边则带有黑色带条。在对练习者级别与段位进行区分的过程中，还可以通过其道服上肩章与腰带上的罗马数字Ⅰ到Ⅸ来进行判断。

第二章 跆拳道运动教学研究

通过跆拳道的训练，使学生可以在行为规范、道德修养和完善人格诸方面得到提高与发展，达到健身、防身、修身的目的。跆拳道的教学具有其他体育教学的共性，同时也具有鲜明的个性特点。它以教育学和体育理论为指导，遵循运动技能的形成规律和人体机能活动变化的规律，通过学生身体的反复练习，不断激发学生思维并与身体练习紧密结合，掌握跆拳道运动技术的技能、技巧及制胜规律。在教学训练实践中，逐渐形成了独特的教学特点和一整套适合跆拳道运动特点的教学阶段、步骤以及独特的教学方法与手段。

第一节 跆拳道运动教学的目标与任务

一、跆拳道运动教学的目标

通过跆拳道运动的相关教学实践活动，能够对学生身体的全面发展起到一定的促进作用，同时还能够使学生的身体机能得到增强，运动素质得到提高。同跆拳道运动自身具备的特点相结合，对纪律性与组织性的教育进行加强，对学生顽强、勇敢、克服困难与积极拼搏的意志品质与优秀的体育道德作风进行培养，最终实现对学生的德智体美的全面培养与发展，为社会主义建设培养所需的专门性人才。

二、跆拳道运动教学的基本任务

（1）使学生对跆拳道的基本理论知识、基本技术、基本战术进行掌握和提高。

（2）使学生的身体素质得到发展，同时使学生的身体技能得到改善，使他们的体质得到增强。

（3）使学生初步具有跆拳道运动的教学、训练、竞赛组织、裁判和科研等工作能力。

（4）对学生优秀的思想道德品质、顽强勇猛的意志品质进行培养。

上述跆拳道教学的四个基本任务之间存在的关系是互相影响、互相联系、同时发展、共同完成。教学任务是教学工作的首要问题，明确任务，采取有效方法，付诸实践，才能达到一定的教育目的。培养目标不同，具体的教学任务也有所不同，有所侧重。

第二节 跆拳道运动教学的基本原则和注意事项

一、跆拳道运动教学的基本原则

（一）礼始礼终、以德为本原则

对于跆拳道运动的教学而言，这一过程不仅是对运动技术进行传授的过程，同时也是对道德精神进行传授的过程。在跆拳道课程教学的开始阶段与结束阶段，需要开展向国旗敬礼与师生之间敬礼，而在切磋、协作前、结束后，学生之间也都是需要敬礼的。这一点毫无疑问会对学生爱国主义精神的培养有一定的促进作用，同时还能够培养学生之间互相尊重与团结合作的精神。

"未曾学艺先学礼，未曾习武先习德"，在整个跆拳道教学的过程中，教师应该注意将武德教育贯穿其中，将武德教育和社会行为规范两者密切地联系在一起，进而使学生能够明确自身学习的目的，同时培养学生讲理守信、尊师重教、匡扶正义和见义勇为的道德情操。

（二）自觉积极性原则

在跆拳道教学中贯彻自觉积极性原则，是指教师启发学生学习的自觉性，调动学生学习的积极性，提高学生训练的主动性。还要引导他们积极思考，刻苦训练，自觉地掌握跆拳道理论和跆拳道技战术运用的方法，提高他们观察问题、分析问题和解决问题的能力。

动机是学习的积极元素。如果学生学习目的不明确、学习动机不正确，就不可能积极地学习，也不可能把这种积极的学习态度长期地保持下去。因此，明确学习目的，是调动学生学习的关键。

教师是教学的主导，启发和引导学生自觉积极地学习是教师的重要责任。跆拳道是一项对身体素质、意志品质、战术思维和快速反应能力要求很高的运动，教学中使学生正确掌握技术动作的概念和动作方法，根据跆拳道攻、反、迎、防对抗的规律，加强学生训练的针对性。兴趣是形成学习动机的重要因素，它可能是短暂的，也可能转化为长期的。通过比赛、裁判工作和组织竞赛等实践活动，调动学生学习积极性，从而更大限度地发展他们的能力。

（三）训练过程的不间断性原则

我们这里所说的跆拳道教学训练过程中的不间断原则，主要指的是对训练循环地、系统地和持续地进行组织的过程。该原则强调：从训练初期到出现优异运动成绩，直至运动寿命的终结。应根据训练结构中各因素间的内在联系及人体运动能力发展规律，持续地进行训练。跆拳道训练是一个多年的教学过程，运动技能的形成要遵循由简到繁、由易到难、由浅入深、由低到高的原则，按照一定的顺序安排训练，更要有计划、有组织、有步骤地落实训练计划，多年训练计划的制订大到将年度、大周期、小周期和阶段训练计划衔接起来，小到精心安排每节课的教学内容、练习方法、运动负荷以及采取的教学措施。使每一次训练的效应都在上一次的训练效应基础上积累起来，才能使运动员更好地、有计划地学习和牢固地掌握技术与战术。

如果跆拳道运动训练中断，势必会在一定程度上影响中枢神经系统对机体精细运动的支配作用，出现反应迟钝的情况，进而破坏技术动作的动力定型。为了避免体能和技能消退情况的发生，克服跆拳道训练效应所具备的不稳定性，一定要在系统训练的基础上保持积累运动技能，使运动技能不断地得到完善与改进。所以，如果想要获取理想的跆拳道训练效应，对学生或者运动员的技能、战术能力、心理能力与运动智能等进行有效的发展，就需要时刻注意保持跆拳道训练过程的系统性、连续性与不间断性等。

跆拳道训练水平的提高是一个长期的过程，坚持不断训练，才能保证学员的身体形态、生理机能、心理素质、技术和战术等方面产生一系列适应性良好的变化。

（四）合理的训练负荷原则

此原则是指在训练过程中，根据运动员承受负荷的能力（运动量和强度），逐步有节奏地安排运动负荷。在生理极限范围内，有机体在承受一定的负荷后，会产生某种适应性反应。当有机体适应这一负荷后，会出现机能节省化现象。如训练负荷刺激仍停留在原有水平，有机体的机能水平也将停留在原有的水平上。因此，只有在适应的基础上，通过不断加大负荷，对机体施加更强烈的刺激，使机体不断获得新的适应，才能提高运动员的竞技能力水平。

在运动训练中，运动员有机体在承受一定的负荷后，就会产生疲劳（能量消耗），在一定生理范围内，负荷刺激越大，机体能量消耗越多，疲劳程度就会越强烈；在渐进负荷达到一定程度时，安排一个减量阶段，让有机体有时间重新动员能量。负荷解除后，如能科学合理地安排恢复，那么能量物质的恢复就会越快，产生超量恢复的水平就会越高。

运动负荷的大小是相对的，对于同等的运动负荷，不同的人对刺激反应程度是不同的，这是由人体存在的个体差异及个体在不同时期承受最大限度负荷的能力具有变异性特点所决定的。因此，必须科学分析每一阶段每位运动员所能承受负荷的生理极限。训练时通过科学的负荷安排，从技战术、心理和生理上做好充分的准备，在比赛中根据对方选手的技术情况，结合自己的技术特点，最大限度地动员机体获得的运动潜力，通过比赛发挥出来，创造优异的运动成绩。

（五）从实际出发原则

从实际出发是根据学生的实际情况，紧紧抓住教学中的主要矛盾和矛盾的主要方面，解决教学中的重点和难点，教法要简单易行，讲求实际效果，在有限的教学时间内，既能使学生掌握知识技能，又能增强体质。贯彻实效性原则，注重实际效果，不追求表面效应，在技战术教学中，力求做到精讲多练。"精讲"是在深入分析教材和学生实际的基础上实现的，"多练"就是要设计符合跆拳道运动特点和学生实际水平的练习方法，给学生更多的实践机会。

（六）巩固与提高原则

我们这里所说的巩固与提高原则，主要是指在跆拳道运动的教学活动中，使学生能够牢固地掌握其所学的基础理论知识、基本技术与基本技能，这些内容能随时出现在记忆中，使学生在巩固练习的过程中不断提高，并能在实践中加以运用。巩固与提高是密切联系的，技术的巩固程度为技术的提高创造了条件。原则可归纳为"精讲多练"。实践课中教师的教学，主要是通过讲解与示范；学生的学习主要是"听、看、练"，而训练是关键，只有通过训练才能使学生掌握技术动作。因此，训练课的安排要有一定的运动量和密度，在多练的基础上才能熟练掌握技术，所谓熟能生巧，从而达到巩固和提高的目的。

二、跆拳道运动教学的注意事项

跆拳道是直接身体接触的对抗项目，教师在教学中要特别注意尽量避免运动损伤的发生，上课前要充分做好准备活动，认真检查护具器材，严肃课堂纪律。练习时明确练习方法、目的、要求及安全事项，在实战和条件实战时要充分考虑学生的差异，将技术水平相当的同学分到一组进行练习，避免以强对弱的现象发生。

第三节 跆拳道运动教学的内容与方法

一、跆拳道运动教学的内容

教学内容主要包括品势（套路）、竞技（实战）、防身术、特技、功力、跆拳道舞、跆拳道基本理论知识及竞赛规则等。本书在此处不过多研究。

二、跆拳道运动教学的方法

我们常说的教学方法主要是指，为了能够实现共同的教学目标，完成共同的教学任务，在相关教学活动中教师与学生所使用的手段和方式的总称。教学方法是教师实现教学任务的途径、手段和方式，也是各项教学原则的具体体现，对于教学任务的完成具有直接影响。

在跆拳道运动教学相关活动中，需要按照教材特点、教学任务、学生实际情况与作业条件等方面的实际情况来合理地安排教材的顺序。同时，在开展跆拳道技术动作教学的过程中，应该根据教学原则的基本要求与运动技能的形成理论，并且同跆拳道运动的特点相结合，正确地选择与运用教学方法，进而完成教学任务。

（一）讲解与示范法

1. 讲解

讲解能够使学生明确学习任务，端正学习态度，同时还能够使学生的积极思维得到启发，对教材加深理解程度，并且对基本技术、技能加深掌握，对身体有效发展、增强体质，培养学生分析问题与解决问题的能力，完成教学任务等方面存在十分关键的作用。可以说，讲解是使学生正确认识教学内容的主要方法。

2. 示范

我们这里所说的示范，主要是指教师或者指定的学生将准确的动作作为范例，使学生能够对将要学习的动作结构、动作要领、动作方法与动作形象有所了解。如果示范是正确的，不但能够使学生利用直观的感性认识来了解正确的动作概貌，而且能够使学生的学习兴趣得到提高，激发学生学习的积极性，因此，示范对于跆拳道教学效果的获得具有十分重要的效用。

关于示范的内容要求，笔者做出了如下几个方面的总结。

（1）要保证正确的示范动作

为了保证学生能够建立正确的动作概念，在学习跆拳道运动的技术动作之前，教师应该将讲解和示范相结合，保证正确的示范动作。而我们这里所说的正确示范动作主要包含身姿的规格、手型、手法、步型、腿法的运行路线、攻防用法等。

（2）合理地运用完整示范与分解示范

对于简单的跆拳道技术动作而言，通常使用完整示范的方法；而对于那些由两三个动作构成的动作组合或者结构复杂的动作，不仅需要应用完整示范的方法，同时还需要利用分解示范法对技术动作进行示范，这样能够使学生更好地观察、理解每一个动作的过程与技术细节。

（3）有选择地运用慢速示范与快速示范

对于一些动作而言，正常完成速度很快，为了能够对学生的观察与学习有所帮助，教师应该在进行示范的过程中适当地放慢速度，或者慢速地示范动作的关键环节。

（4）适当进行易犯错误动作的示范

教师应该将正确的跆拳道技术动作和易犯错误的跆拳道技术动作一起向学生进行示范，通过对比，使学生能够建立深刻的正确动作概念，使他们能够在之后的练习过程中避免错误动作的出现。

（5）合理地选取示范的位置

在选择动作示范的位置时，主要注意应当使教师的示范动作能够被全体学生看到。因此，跆拳道教师可以将横队的等边三角形的顶点作为示范位置。如果是四列横队，在教师进行动作示范的过程中，可以让前面一列和二列的学生蹲下或者坐下，这样就能够使后面的学生看清楚教师的示范动作。也可以让前面两列学生转向后面，并且在中间留出一定的空间，然后教师站在中间位置进行动作示范。

还有一种方法，就是将学生队伍整理为半圆弧形，然后教师站在中间的位置进行动作示范。总而言之，要始终坚持能够使教师或者学生的示范动作让所有的学生看清楚。除此之外，在进行跆拳道技术动作示范与领做的时候，教师可以按照跆拳道动作的方向选择性地在学生练习队伍的左前方或者右前方站立。

（6）对于示范面的选择要灵活实用

我们这里所说的示范面主要包含四种情况，分别是侧面示范、镜面示范、背向示范与角度不同的斜面示范。为了使教师的示范动作能够被所有的学生清楚地看到，跆拳道教师应该按照动作的不同需要使用不同的示范面，对于同一种动作也可以考虑使用多种示范面。例如，当教师向学生示范左直拳时，如果采用镜面示范的方法，能够将动作的路线与力点的位置都展示给学生；如果采用背面示范的方法，能够将动作发力的要领清楚地展示给学生；如果采用侧面示范的方法，能够将发力的位置清楚地展示给学生。

（7）领做示范合理有效

刚开始在学习新的跆拳道技术动作时，教师完成了示范、讲解以后，比较关键的就是领做示范。在开展领做示范的过程中，需要对位置的选择与示范的速度加以重视。

在选择示范的位置时，需要保证教师的领做能够被所有的学生看到，便于他们之后的动作模仿，同时还能够使学生对跆拳道技术动作的方法、姿势和运动路线等有所掌握。

教师在对学生进行动作示范时，一般在领做开始时，保持较慢的速度和偏高的姿势，不需要用力太大，这样对于学生的观察与模仿是十分有利的。伴随动作的不断熟练，教师应该逐渐加力加速，直至达到正常的动作要求。

（8）结合运用示范与讲解

对于示范与讲解而言，两者是不能分开的，在运用时通常是将两者相互结合。有时可能会先进行讲解然后示范，有时也可能是先进行示范然后讲解，还有一种情况是，一边讲解一边示范。通常来讲，示范主要是针对那些水平较低的学生，而讲解则主要针对的是那些水平较高的学生，除此之外，还需要按照教材的难易程度来确定。

（9）应用多媒体教学法

为了能够使学生领会正确的动作概念，特别是当示范不能将跆拳道技术动作的过程、结构、细节和关键充分显示出来时，如不能在空中停留的动作、动作过程太快、结构复杂等。这时可以应用一些直观的、形象的方式，如照片、挂图、录像、电影等。这些能够使学生加深对教材的理解，方便他们分析动作要领，体会实战中的攻防意识，进而促进跆拳道教学效果的提高。

（二）完整与分解法

跆拳道的攻防技术是由单个攻防动作和组合动作构成的。完整的教学法可以使学生了解动作的全貌，对动作的完整形式有一个全面的认识，形成完整的概念，一气呵成地掌握动作的整体。单个动作与存在简单结构的动作组合可以应用完整教学法。同时，也可以说此方法是教学主要应用的方法。

当教师使用分解教学法时，需要注意的是，不能够对动作进行太琐碎的分解，应该使分解动作尽快地向完整动作过渡。在跆拳道运动的教学过程中，教师应该将完整教学法和分解教学法相互结合应用，通常可以使用的模式是完整教学法—分解教学法—完整教学法。

（三）练习法

1. 个人练习

学生人数多时，可采用个人原地重复练习，人数少时，可采用个人轮流练习，让学生独立体会刚学过的内容。在进行基本功和基本动作练习时，可采用个人轮流练习,如将学生分成几路,每路的排头开始向同一方向重复练习完定量动作后,后面的人依次轮流练习,练完的人在间歇时应观摩别人的练习,互相学习,取长补短。

2. 分组(或分排)练习

一般在教完本课的内容后,教师提出要求,由组长带领本组同学到指定场地进行分组练习。或者逐个轮流练习,其他人观摩、评论。或者两人一组,一人练习,一人"喂引"脚靶或观摩、评论。或者组长领做或指挥全组练习等。要求学生既要独立思考,反复体会动作,又要发动学生互相观摩学习,分析纠正动作,取长补短。分列练习是指在教师的指挥下,单列练习,双列观摩,轮流重复练习,在练习后的间歇时间里,互相指点,纠正动作。这种练习形式既能节省时间,保证重复练习的数量和一定的运动负荷,又能发动学生互相观摩学习,提高学生分析动作的能力,培养团结互助的精神。

3. 集体练习

集体练习法是在教师领做和口令手势指挥信号指示下,学生按一定组数、时间统一练习所学的内容。教师注意观察学生练习中存在的缺点或错误,除了再讲解、示范外,可采用有针对性的辅助练习等,来改进和纠正学生的错误动作。

第四节 跆拳道运动教学的程序和步骤

一、跆拳道运动的教学程序

(一)基础教学阶段

进行跆拳道的基本功、基本动作和专项素质的教学,基础教学一般以拳法、腿法以及脚步动作为基础,要求学会动作,明确动作规格,掌握练习方法,发展专项身体素质,提高身体的适应能力。

(二)巩固动作阶段

在巩固第一阶段的基础上,利用辅助器械和方法反复练习各种技术动作,进一步巩固和提高各种技术的动作规格、完成质量、动作速度、击打力度和组合运用。在组合运用和变化运用上下功夫，以利于提高技术动作的使用效果。

（三）对抗实战阶段

利用教学比赛对抗实战，进一步巩固和提高跆拳道比赛的各种技术的运用能力，经过反复实战锻炼，达到在比赛中灵活合理运用技术的目的，为进行真正的跆拳道比赛积累经验和创造条件，并逐步过渡到跆拳道比赛中去。

划分阶段是为了便于确定各个阶段所要解决的主要任务，在教学实践中，每个阶段积累相连，不能截然分开。

二、跆拳道运动的教学步骤

对于跆拳道运动的技术动作而言，其所包含的每一个技术动作都是独立存在的，都具备各自的攻防特点、动作规格与组合规律，所以，在跆拳道教学过程中，如果想要提高教学效果，就需要遵循一定的规律与步骤，按照技术动作所形成的生理学规律，让学生有层次地掌握动作的完整性，使他们能够对跆拳道每一个动作的运动形式、规格特点、组合规律与进攻用法等从根本上弄清楚，并且对每一个技术动作实现全面掌握。对于跆拳道学习而言，由初学至对动作熟练掌握，通常包括六个主要的步骤。

（一）建立感性认识

跆拳道教师通过示范、录像和图片等手段，首先使学生对所学的动作进行一次感性认识，使他们对动作的外在形式存在一个基本印象，同时还需要对动作名称有所了解。

（二）弄清动作的方向路线

每一个技术动作都是向一定的方向运动的，因而要弄清每一个动作的攻防路线。

（三）掌握动作规格

这一步的基本任务是在学生已经弄清了动作方向的基础上，进一步学习掌握每一个动作的规格和要求，通过老师的示范讲解把动作的全过程慢化分解，使学生弄清楚动作的每一个环节。

（四）掌握完整动作

这一步的基本任务是让学生掌握完整的动作，在上文分解教学的基础上，教师示范、领做必须是正常或快速的，动作要连贯完整，要求每一个学生都能独立完整地按规格要求完成所学动作，而且要求用力顺达、合理。

（五）了解动作的用法和特点

这一步的基本任务是，向学生讲解动作本身的特点、使用方法、变化规律和组合规律，向学生讲解清楚所学动作怎样运用和如何运用以及为什么运用，给学生分析动作的性质、意向、变化规律和同其他动作进行组合的规律，使学生体会这些方面的技巧，达到形意合一的境界。

（六）巩固运用

学生经过反复、多次练习后，能够不断巩固在前面五个步骤中所学习、掌握的动作。在这一阶段中，对于学生的动作学习要求比较明确，需要学生将主要的环节抓住，对错误及时地进行纠正，以便于实现对技术动作学习掌握、灵活应用的最终目的。

跆拳道动作技术包含的因素多，要根据学生接受能力和素质水平侧重要求。

第五节　跆拳道运动教学文件的设计

教学文件是教师执行教学计划有目的、有步骤地工作的全过程。教学质量在某种程度上取决于教学文件设计的目的和任务是否明确、计划是否科学周密。因此，在教学实施之前，必须设计教学文件。

一、跆拳道运动教学大纲模式

教学大纲是根据课程方案及纲要制订的教学指导性文件，也是检查教学工作和评定教学质量的依据。其结构一般如下：

课程性质：××   选修课程：××
总学时：××   学分：××
实践学时：××   理论学时：××
开课学院：××   适用专业：××
大纲执笔人：××   大纲编写时间：××
教研室主任审核：××   教学院长审定：××

（一）课程的性质、地位和任务

本大纲是为运动训练专业学生开设的跆拳道理论与实践专业大纲。本课程的教学任务：通过四年在跆拳道运动理论与实践方面的不间断学习，全面提高跆拳道运动专项技术、战术、体能、心理训练水平，努力达到跆拳道国家一级健将标准；同时要增强学生的竞争意识、合作意识和职业道德意识，培养学生全面规范地学习现代跆拳道运动的技能，并能在科学研究、裁判工作、训练、比赛和跆拳道教学中熟练地运用与发挥。

（二）课程教学的基本要求

（1）本课程根据运动训练专业的培养目标所需要的基本理论和基本技能的要求，加强学生对跆拳道运动技术的示范性特点及教学能力的培养，在教学过程中教师应把"武德"教育贯彻始终，培养学生德才兼备、文武并进。

（2）使学生较全面、系统地了解跆拳道专项理论知识、基本技术、基本技能。把培养学生理论和实践教学的能力放在重要位置，提高讲解熟练性、技术示范规范性、教学顺序严谨性。

（3）培养学生成为体育教育的专门人才和为体育事业奉献的意识。

（4）在整个教学过程中，根据教学进度布置一定量的课后作业，学生坚持课后复习是学好本门课程的关键。

（5）根据项目发展的情况，及时补充新的内容知识，必要时适当调整和更换教学内容。

（三）本课程的重点与难点

1. 第1~4学期

重点：继续进行专项能力的培养，按照"多能一专"的培养目标，在跆拳道运动中熟练掌握运动项目的基本规律，并努力提高跆拳道项目的竞技运动水平。

难点：按照高水平运动员的标准提高竞技水平。

2. 第5~8学期

重点：培养学生的竞争意识、合作意识和职业道德意识，使他们全面规范地掌握现代跆拳道运动技战术，并能在训练、比赛中熟练地运用与发挥；系统学习跆拳道运动训练基本理论、基本知识和基本技能，掌握跆拳道运动队训练和管理工作的基本规律；对跆拳道竞赛工作的一般规律有一定了解，能组织比赛工作、承担裁判任务，具备从事跆拳道科学研究工作的基本能力。

难点：按照高水平运动队的标准提高学生教学管理水平，培养学生专业知识技能，掌握跆拳道运动技术的原理。

（四）教学大纲模式

表2-1 实践、理论教学内容及课后作业题型分配

章目	教学内容	教学时数	教学方式或手段	课后作业
一	跆拳道概述	××	讲授	√
二	跆拳道教学的程序	××	讲授	√
三	跆拳道竞赛组织与裁判法	××	讲授（讨论）	
四	跆拳道比赛观摩、比赛录像	××	观摩（讨论）	
五	跆拳道论文的撰写	××	讲授（讨论）	√
六	跆拳道品势练习	××	实践	
七	跆拳道综合训练法	××	实践	
八	跆拳道脚靶训练法	××	实践	
九	跆拳道运动技术教学与训练	××	讲授（实践）	√
十	跆拳道运动战术教学与训练	××	讲授（实践）	√
十一	跆拳道护具训练法	××	实践	
十二	组合技术空击、踢击脚靶、护具和沙袋训练	××	实践	
	机动	××		
	合计	××		

表2-2 实践、理论教学时数及周学时分配

专业课程	课程名称	学时数						一 15周	二 18周	三 18周	四 18周	五 18周	六 18周	七 9周	八 13周	考核方式	
		计划学时数	周数	学分	其中											考试	考查
					讲授	实践	其他										
	跆拳道理论与实践																

（五）课件正文举例

第一章　跆拳道概述

【教学目的】

通过本章教学使学生对跆拳道运动的总体概念有一个全面的了解，明确学习的目的与任务，提出学习要求，端正学习态度。

【重点难点】

（1）跆拳道运动的概念与两种不同的属性；

（2）跆拳道运动的锻炼价值与分类；

（3）跆拳道运动的起源与发展；

（4）跆拳道功能课程教学任务、教学内容与要求。

【思考题】

（1）简述跆拳道的发展史。

（2）现代跆拳道的特点和作用是什么？

（3）怎样理解跆拳道运动的锻炼价值与分类？

第六章　太极八章

【教学目的】

通过本章教学使学生对跆拳道品势有一个全面的了解，能从事跆拳道品势教学。要让学生明确学习的目的与任务，提出学习要求。

【重点难点】

内容：品势学习：1~8章。

重点：动作规范、熟练掌握跆拳道品势练习要点（步法、格挡、手刀、腿法动作等），以及跆拳道品势演练的全部内容。

难点：跆拳道品势演练的规范性、熟练性以及品势教学的能力。

【思考题】
(1) 跆拳道品势训练中应注意哪些问题？
(2) 如何从事跆拳道品势教学？

(六) 课程考试

实践环节名称	考核单元名称	考核内容	考核方法	考核标准	最低技能要求	负责人单位（人员）

(七) 使用教材与教学参考书目

【使用教材】
作者，书名，出版社，出版时间与版次。
【教学参考书目】
（1）……
（2）……
（3）……
作者，书名，出版社，出版时间与版次。

二、跆拳道运动教学进度表模式

我们这里所说的教学进度主要是指，按照教学大纲中的教学内容、教学目标、时数分配，将教学内容在每一节课的教学中具体落实。

(一) 编制教学进度的基本要求

（1）教学进度不是教材内容的简单分配，而是要遵循跆拳道教学规律和教学原则来编制。它应达到科学、合理、可操作性强的要求。

（2）编制教学进度也是教师业务能力和教学水平的综合体现。教师应深入研究和掌握跆拳道运动的基本规律，掌握跆拳道教学的基本理论，正确处理理论与实践、进攻与防守、重点与一般的关系。安排好理论与实践的比例、进攻与防守技战术教学的顺序，突出重点内容，带动一般内容，把能力培养贯彻到教学进度的全过程。

（3）跆拳道运动的基础理论知识、基本技术、基本战术和基本技能可以说是跆拳道运动教学活动开展的主要内容，在编制教学进度时，需要将这些内容安置在明显的位置，同时还要保证一定的教学时数，对于重点内容的掌握与提高做出一定的保证。如果一些教学任务，如竞赛的组织管理、裁判能力的培养等，单靠课堂教学无法完成，须与课堂外教学活动相结合，这一点应在教学进度表中加以说明。

（二）教学进度表模式

教学进度表

_____学年_____学期

开课单位：		课程名称：	
课程性质：		学分：	
总学时：		理论学时：	
实践学时：		机动学时：	
授课专业：		授课年级：	
学生人数：		多媒体授课时数比例：	
主讲教师：		职称：	

填表日期：_____年__月__日

校历周次	起讫日期	学时	教学进度安排（写明章、节、目）	教学形式	执行情况	备注
1				讲授（　）		
				实践（　）		
				讨论（　）		
				作业（　）		
				考核（　）		
2				讲授（　）		
				实践（　）		
				讨论（　）		
				作业（　）		
				考核（　）		

（续表）

校历周次	起讫日期	学时	教学进度安排（写明章、节、目）	教学形式	执行情况	备注
3				讲授（　）		
				实践（　）		
				讨论（　）		
				作业（　）		
				考核（　）		
4				讲授（　）		
				实践（　）		
				讨论（　）		
				作业（　）		
				考核（　）		
18				讲授（　）		
				实践（　）		
				讨论（　）		
				作业（　）		
				考核（　）		
教研室主任签名：　　年　月　日				教学院长签名：　　年　月　日		

注：（1）本表经教研室审核后不得轻易变动，如有特殊情况必须作局部调整时，需经教研室同意，并在备注栏说明。

（2）多媒体教学和双语教学请在备注内注明。

三、跆拳道运动教案模式

我们这里所说的教案主要是指教师在开展课堂教学的过程中所要用到的工作具体计划，它主要是按照教学进度中所要求的教学对象、教学内容、基本教学条件来进行设计的，同时也是一种在教师或者教研室开展集体备课之后所产生的教学文件。

（一）跆拳道运动教学教案的基本要求

（1）教师应该按照教学进度的相关安排，制订本次课的教学内容，主要包含一般内容、复习内容与重点内容,同时还需要明确课的任务,这样能够为日后的总结与检查工作提供一定的便利。

(2)根据课的任务,设计学生的运动负荷安排。

(3)在教学内容的安排上,使跆拳道的教学方法与练习形式具备一定的连续性,除此之外,制订教学计划以后,还需要对课次的前后联系与影响因素等进行考虑。

(二)实践课教案的格式

授课年级	××级跆拳道	周次	××周	人数	××人
授课时间	××年×月×日	课时安排	××学时	指导教师	×××
教材内容			教学任务		
部分	时间	教学内容	练习分量		组织与教法
			组数	时间	
开始部分	时间				
准备部分	时间				
基本部分	时间				
结束部分	时间				
场地布置	保护垫 小脚靶 护具	平均心率	运动负荷与心率曲线		
			大 200 180 中 160 140 小 120 100 80 60		0 10 20 30 40 50 60 70 80 90 100 110 120 量:……;强度:
		强度指数			
教学自评	1. 2. 3.				

第六节 跆拳道运动的成绩考核

对学习成绩进行考核可以说是跆拳道教学工作的主要构成内容，按照教学大纲中对考核方法与内容做出的相关规定，在教学的各个阶段中和结束时，都有必要进行考核。它能增强学生的积极性，检查教学的效果。由于教学任务不同，考核内容、方法、标准、要求也有所区别，有所侧重。不断积累学生考核的材料，加以分析，才有助于提高教学质量。

一、跆拳道运动成绩考核的目的

成绩考核的主要目的是对学生学习、掌握跆拳道基础理论、基本技术和技能的实际水平进行准确、合理的评价，进而对学生勤学苦练学习态度的养成起到一定的促进作用。除此之外，学习成绩考核也是对教师的教学效果进行检查，以便教师及时地改进教学方法与工作方式，进而促进教学质量的提高。

二、跆拳道运动成绩考核的内容

在选择跆拳道运动的考核内容时，应该按照教学大纲中对考核内容与方式所做出的相关规定，根据不同教学阶段、不同年级的要求，选择那些常用的、比较基本的理论知识、技术和战术，将它们作为学习成绩考核的主要内容。除了要考核基本理论、基本技术、战术以及跆拳道专项素质外，还要考核训练、组织竞赛与裁判等技能。

三、跆拳道运动成绩考核的方法

（一）技术、技能的方法

1. 技术评定

我们这里所说的技术评定主要是指，按照学生对跆拳道技术动作的完成质量来进行评分。技评是否客观、准确，重要的是考核前将所要进行考核的技术（包括单个动作和组合动作），按其动作结构分为若干个环节，然后根据每个环节完成的情况，按10分制恰当而合理地确定得分标准。考核时，教师必须先根据学生做动作时主要环节完成的质量及每个环节出现错误的性质和程度分别进行评分和扣分，然后计算其实际得分去评定成绩。对低年级学生来说，首先强调基本技术的规范化，考核应以基本技术的技评为主。对高年级学生的技评，可以侧重于技术的运用能力。

2. 达标测试

达标是通过测试形式的一种方式。根据学生完成技术动作速度的快慢、力量的大小（功力）和正确性，按一定要求制定评分表，引入100分制，采用五等级制（优、良、中、及格、不及格），但等级的确定应符合统计学的原理和学生的实际情况。达标方法既适用于单个技术动作考核，也适用于组合技术考核。

达标的方法，既可以单独采用，测出的时间和数量查表评分，也可以与技术评定结合使用，既看动作的速度、时间和准确性，又看动作是否合乎规范要求。

（二）理论考核的方法

理论考核主要采用笔试和口试两种方法。

1. 笔试

笔试分开卷和闭卷两种。闭卷考核主要是考核学生对需要记忆的理论知识的掌握程度。开卷考试主要是考核学生运用所学理论知识对问题分析和解决的能力。前者适用于低年级学生的理论考核；后者适用于高年级学生的理论考核。

2. 口试

口试的方法适用于各年级学生。低年级的学生可以通过课堂提问的形式进行，高年级学生可以通过专题答辩的形式进行，这样才可能真正了解学生掌握理论知识的深度和广度、分析问题和解决问题的能力以及语言表达能力。

3. 课外作业

这是一种理论与实践相结合的方法。通过这种方法让学生独立完成一些实际工作，从而了解学生的理论水平和实际工作能力。

（三）基本技能的考核方法

体育学院的学生要进行基本技能的培养与考核。考核的方法主要通过跆拳道教学实习、组织竞赛与裁判工作实习、课外作业（加工编写教学文件、竞赛规程、编排比赛程序等）方法进行，根据学生实际工作能力评定成绩。

四、跆拳道运动学习成绩考核工作的基本要求

（1）要加强思想教育，使学生正确对待考核，严格遵守考试考查纪律。

（2）要从实际出发，根据培养目标的要求和学生的具体情况，注意区别对待，正确选择考核的内容和方法。

（3）在开始教学时，就应告诉学生本门课程的考核内容、方法与要求，并进行身体素质、技术的摸底测试；积累原始资料，为制定适宜的考核标准和检查教学效果组织合理的参考资料。

（4）考核结束后，要仔细核对每个学生各项考核的成绩。对理论、技评达标，技能的评定分比例要合理。然后，对学习总成绩进行评定。

第三章　跆拳道运动中的美学教育

跆拳道运动是一项美的艺术，而发现跆拳道运动的美，认识跆拳道运动的美，可以使人们更加深入地了解跆拳道运动的审美内涵，理解跆拳道运动的审美意义，并且更好地表现和应用它的美。本章通过美学的视域来阐述跆拳道运动所存在和展现出来的美。

第一节　跆拳道运动的美学特征

跆拳道运动是一项集多种功能于一身的体育活动，它不仅可以健身而且具有技击的性能，又是一种有效的防身手段。跆拳道这个名称是经历了漫长的岁月变迁之后于20世纪50年代提出的，这项运动的发展历程也是十分漫长的。跆拳道运动的发展是符合大众的审美需要的，这也是跆拳道运动在当今社会中发展的必然规律。它经久不衰，所展现出来的美也让人兴奋、惊喜、难以忘怀。与此同时，还可以使人迸发出内心的狂热感。跆拳道运动通过人们的身体来展现出其美的特点，不管是表演还是竞技对抗又或者是功力的检验，跆拳道运动所能展现出来的一系列的动作、技能都使人们感到激动、兴奋和欣喜、自豪。

跆拳道运动的美是在体育美中体现出来的，它既有体育美的共性，又有自身的特征。要探讨其本质特征，首先应该了解什么是跆拳道运动，跆拳道运动的本质又是什么。跆拳道是体育运动的一个项目，是一门自我约束的完美运动，跆拳道运动平衡、协调而且强化跆拳道运动练习者的身体、思想和灵魂。跆拳道是以脚攻击为主，拳和脚一块使用的体育项目；以击破为测试功力的手段；强调气势，发声扬威；跆拳道运动注重礼仪的开展，在开始之前与结束之后都要互相向对方行礼，这也培养了选手们的道德情操；以刚制刚，直来直往。它有较强的自律性，又有较高的娱乐观赏性，它的美体现在健康、品德、气势及艺术之中。

一、跆拳道运动的形式美

身体运动所展现出来的美是通过某一种特定的形式表现出来的，而所谓的形式美就是美的一种特殊形态。不论人们去欣赏还是去创造美，都要由形式美开始，所以形式美对于跆拳道运动的美的审视有着不容忽视的地位。形式美是在很多美好的物质中抽象出来的并且与别的事物区别开来的美的意义。在体育活动的实践中存在着很多美的事物，然而，所谓的事物就是形式和内容的统一，是相辅相成的。形式美与内容方面存在着紧密联系，形式上的美离不开内容上的美，反之，内容方面的美同样也离不开形式上的美。形式美是跆拳道练习者在审美活动中直接感受到事物美的形式，人们只是看到了事物的外观和形式，这也就是跆拳道运动的形式美。而形式美又可分为两个部分，既是构成形式美的感性质料，即自然物质基础的材料，如形体、声音等；又是构成形式美的感性质料之间的组合规律，即将自然物质因素按照一定的结构规律组合而形成的组合规律，如对称、均衡、和谐以及多样化等的统一。

（一）跆拳道运动中形式美的构成因素

跆拳道运动的形式美不仅具备了自然属性的要素以及形式美的一般法则，它还具有按照一定的原则而组成的特定的组合规律。而跆拳道运动的形式美则是展示人体极限的艺术存在，具有特殊的意蕴和魅力，跆拳道运动主要通过线条和形体、编排、色彩和服装、声音等来展示其独特之处以及美。

1. 跆拳道运动的线条和形体美

线条以及形体都是在视觉上所能感觉到的空间上的造型美。形体的集合形式是由点、线、面和体等要素构成的，线条和形体本身的属性又是事物存在的一种空间形式。就如人体的躯干、头部、四肢等都属于空间的事物，而线是点移动的轨迹，是由点构成的，所以人体的躯干和四肢、头部等的连接也就构成了所谓的线，之后线的围绕就构成了各种事物的形体。而跆拳道运动练习的实质是使练习者身体的肌肉得到完美发展，形态更完美发达，从而使人的整体形态得到协调发展。另外，长期坚持练习跆拳道运动的人肤色会显得红润而肌肤富有弹性和光泽，身体的健康程度会高于少参加体育运动的人。跆拳道练习者的形体美是通过外在的站姿、动作姿势表现出来的，其中动作方面的美是通过动作协调、舒展、一气呵成来表现的。

2.跆拳道运动的编排美

跆拳道运动也少不了编排这一"程序"，跆拳道运动的编排美主要根据的是运动生理学和解剖学以及体育美学等学科的理论。为了增强人体的健康发展，可以更好地发展跆拳道运动中的跆拳道操（舞蹈），整套动作的完整编排不可或缺，动作包含身体各个部位的运动。教练员要对跆拳道操（舞蹈）做出精心的编排和设计，要根据套路动作的规律并结合练习者自身的特点来编排整套动作以及路线和方向，并且要安排动作的难易创新和多样化，使之具有独特的风格。而这些舞蹈的编排都要以美为基本原则，在结构上要具有观赏性和创新性，跆拳道操（舞蹈）的编排要根据练习者身体最基本的运动原理来进行，要注意动作的空间感和节奏感，才能使一套完整的跆拳道操内容丰富、动作流畅从而给人们以层次美感。同时，在竞技跆拳道运动之中编排美也是不可或缺的。在竞技跆拳道运动中，组合动作也属于一种编排，是为了使运动员在比赛中可以更好、更完美地去击打得分而采取的一种十分有效的手段。只有教练员在编排上充分考虑动作的连贯性与击打的完美性，运动员配合练习达到一定的熟练程度，才可以在比赛中更好地发挥实力，取得更好的成绩。所以说，在跆拳道运动中编排动作是一项必不可少的程序，是一种美的体现。

3.跆拳道运动的色彩和服装美

色彩是视觉感官所能感知到的一种空间美，它是形式美与获取形式美的因素。而每一种颜色都会有特有的属性，所代表的视觉效果也有所不同，具有不同的意义。如红色、黄色容易使人产生温暖与兴奋的感觉，绿色可以减缓眼睛的疲劳，而蓝色则易让人想到丛林和水产生宁静、凉爽的感觉。

在跆拳道运动中，跆拳道服按用途可以分为普通训练服、表演示范服、教练示范服等。普通儿童道服和普通成人道服均以黑领白面为主；表演示范服以黑、蓝、红为主；教练示范服以黑色为主。而给人印象最深的就是那一身洁白的道服还有那一抹黑色的腰带。黑色和白色是跆拳道运动中最常见的服装颜色，在竞技跆拳道中，白色是最主要也是唯一的道服颜色，它代表着圣洁，代表着人纯洁的心灵和良好的品德，是很神圣的颜色。

在跆拳道运动中色彩也是多种多样的，颜色最为突出的就是道带。道带分为11个级别，有白色、白黄色、黄色、黄绿色、绿色、绿蓝色、蓝色、蓝红色、红色、红黑色、黑色，不同颜色代表了不同的级别，白色级别最低，以此类推，黑色级别最高。最后，在跆拳道舞（操）中，服装的要求是必须穿道裤，并且系道带，而上衣可以根据所编舞的风格去着装。在装饰方面可以随佩戴的装饰品做多样化的头型。这样在优美的音乐的伴奏下，穿着富有色彩性的服装，身体畅快、舒展，精神也达到了最佳的程度。

综上所述，充分地体现了跆拳道运动的色彩与服装的个性以及独特之美。

4. 跆拳道运动的声音美

声音也是形势美的一种自然的物质因素，更具有不同的形态和功能，可以分为规则音乐和不规则噪声两种类别。

在跆拳道运动中，声音是必不可少的。首先，最为突出的就是在比赛的过程中运动员的呐喊声，它是一种激进、亢奋的表现，也是一种胜利的激发，同时还有在比赛过程中观众的呐喊声，那是对比赛的一种肯定，对比赛场面精彩和美妙的一种极限的欣赏；其次，是在练习过程中练习者的叫喊声，它是一种激励的声音，一种强悍而有魄力的吼叫，充分体现了练习者在跆拳道运动中的百折不挠精神；最后，就是音乐，声音作为形式美的一种自然因素就是音乐，音乐可以陶冶人们的情操，也可以激发人们的情绪，在跆拳道运动的练习过程中播放音乐，可以使练习者产生节奏感、兴奋感、愉快感，使其在心灵上得到了美的享受。跆拳道运动要选取节奏感强、富有活力的音乐，因为有了音乐的伴奏不仅可以使练习者产生兴趣，而且可以使训练效果更佳。音乐的存在可以调动起人们内在的感情，而且对审美活动也有很好的促进作用，是调节人们情感的一种必要的手段和优美的存在。

（二）跆拳道运动中形式美的构成法则

跆拳道运动的审美因素是多方面的，其中有形体和色彩以及声音等。而在跆拳道运动审美活动的实践当中，经过多次研究和分析其审美因素，找出了跆拳道运动组合的规律性，从而形成跆拳道运动形式美的法则。它多体现在大众跆拳道中，其中跆拳道品势和跆拳道舞的表现最为突出，在竞技跆拳道中有所表现。

1. 跆拳道运动的整齐一律

整齐一律是形式美法则的其中一项，其大都在对称和均衡等因素之中表现出来。这些因素可以构成事物和形式因素的相似和整齐，可以让人客观感受到整齐和庄重、稳定等一些审美方面的享受。整齐一律这一法则在很多事物中都存在，犹如在大型的运动会开幕式或闭幕式中，在服饰和步伐等方面都是统一而且有规律的，所表现出来的也就是整齐一律；在大自然中，南飞的大雁所组成的队形，表现出来的也是整齐一律；在各种团体性的艺术舞蹈或者体育活动中，其组成的各种队形、动作等所表现出来的也都是整齐一律。整齐一律是一种规律性的重复，而其在跆拳道运动中的存在，也使跆拳道运动有一种节奏上的美。在跆拳道运动中无论是音乐的节奏，还是动作的节奏都可以对人的生理、心理产生巨大的影响，如果失去了节奏，人的情绪就会变得烦乱而不稳定，心理失去平衡，从而导致生理机能受到干扰和破坏。所以，在跆拳道运动中人们也通过各种各样的途径去展现节奏的存在，这样也可以使人们在跆拳道运动练习中进退得当、快慢有序，使人们在生理和心理上得到一种整齐的感受，从而产生审美的节奏感。

2. 跆拳道运动的练习动作讲究对称均衡

跆拳道运动中的品势属于动作刚柔并济、节奏有力、呼吸均匀的运动，在跆拳道运动的品势和练习过程中，其刚柔、有力和均衡的动作可以强身健体，可以陶冶情操，也可以调适性情，是一种养生的手段，而在其练习过程中，无论你处于哪个位置去看它、感受它，都可以在其中感受并享受其带给人们的美感，给人一种有节奏的均衡美。均衡指的是两个或者两个以上的物体、动作以一条线作为轴而形成的各个部分，无论是在质量还是在程度上都大致相适应，大致相称。而对称指的是，两个或两个以上的物体或者动作以一个点为中心组成的整体，这个整体的各个部分之间又是全部相称的。就如人的身体，其双眼、双耳和手臂等都是相对称的。在跆拳道运动中，其品势的动作以及呼吸，无论是在数量还是形态上都是均等的，其动作在编排上也是对称的。平衡是经过对称而出现的，它们两个是不一样的形式美的法则，可是却也存在着一定的关联。对称和平衡在一定程度上都涉及事物的数量、形体的范畴，可是它们却是等量而不等形的，而在量上的一致反复所表现的是整齐一律。就如在跆拳道运动中，其步伐和动作的反复走向一样，它不但可以增强身体的平衡，而且也让你感受到稳定、平衡以及整齐之美。无论是平衡对称，还是整齐一律，它们所带给人们的都是舒展、潇洒和刚柔并济的优雅之美。

3. 跆拳道运动要讲究对比调和

在形式美的法则中还有对比调和，这是一个矛盾的整体，其中对比是指两个事物之间所反映出来的不同,并且通过相互的强调、映衬,来表现出事物之间所存在的对立的因素,从而可以更加明确地描写出其特点,双方的差异中所存在的一致性能够协调地发展所指的就是调和。在跆拳道运动中,我们是可以运用这一法则的,但是我们要全面地去抓两点,而不能片面地只看到其中一点却忽视了另外一点;我们应该两者同时抓,但是可以以其一为主要因素。在跆拳道运动中线条与形体的对比和调和是必不可少的,跆拳道运动的练习者有男有女,其中男性线条形体表现出来的是身体强壮而修长;女性表现出来的则是一种曲线和高挑之美。男性的动作表现出强有力的爆发和击破;女性动作表现的则是刚柔结合的协调性。诸如此类,动作在方向中的对比、调和与人和空间的对比、调和,对比让跆拳道运动更加凸显其特点,而调和则强调出其表现出的共性。然而我们在跆拳道运动的构成中要同时考虑到对比与调和的统一,不能片面地去考虑问题,要以其中一个为主要因素,只有这样才可以使审美不会产生疲劳。

4. 跆拳道运动要讲究节奏韵律

规律变化的韵律被称为节奏;而韵律就是一种情调,产生于节奏之中。在整个自然界以及人类社会中,节奏感是无处不在的,无论是海浪拍岸还是心脏的不断搏动,又或是昼夜交换、四季变化,都存在不同的节奏,而这种不同的节奏也同样给人们带来了协调的感受。所以在跆拳道运动中,无论是大众跆拳道还是竞技跆拳道,动作的快慢要适应,动作的力度以及柔韧度等都要适应,这也就可以保证在练习者的生理接受范围内。这样既保持了跆拳道运动动作的节奏和练习过程中音乐的节奏,也会使练习者感到身心的释放和愉悦。以上就是外在的节奏与练习者的生理机制特征相吻合,所以练习者才会自然地、自愿地练习跆拳道,从而在跆拳道运动的练习过程中,在动作、音乐的节奏中产生愉悦和满足。而当跆拳道运动的练习缺乏音乐之后,就会少了很多激情和兴奋,多了些许劳累和疲惫,使人们的心情无法达到释放的极致,从而达不到练习的效果。这样练习不仅起不到对人体生理上的放松,也不能带给人们美的感受。所以在跆拳道运动的练习过程中节奏是不可或缺的重要因素之一,也是跆拳道运动练习过程中迸发激情美的主要内容之一。

5. 跆拳道运动要多样化统一

多样化的统一是最高形式的美,高于其他一切的形式美,并且统领所有的形式美,是动作和变化的统一。如果在使用任何一种法则的时候发生了矛盾,就必须用多样化的统一原则来解决。对跆拳道运动而言，分类是比较多的，可以分为跆拳道竞技运动、跆拳道品势运动、跆拳道舞蹈以及跆拳道特技表演等，跆拳道竞技运动提倡的是拼搏进取、顽强的意志力；跆拳道品势运动提倡的是将精神集中在内心之中，通过内心的一系列活动来指引更加完美的行为活动，并且通过动作来表达出其内心最真实的一面；而跆拳道运动则是奉行"礼仪、廉耻、忍耐、克己、百折不屈"……无论是在心理还是在身体上，跆拳道运动都会在一定程度上让不同的人们去接受和认识它。也就是说，多样化的统一在众多的跆拳道运动的表现形式中起到了调节的作用，使练习者在不同中感受其相同之处，并且能够将跆拳道运动的不同形式有机地连接在一起而发生一定的变化，在统一中发现变化，在变化中寻找统一，这样才可以充分体现出跆拳道运动的多样化统一的原则。

二、跆拳道运动的内涵美

跆拳道运动的美不只有外在的形式美和表现美，更重要的是跆拳道运动还包括了丰富多彩的内涵美。

（一）跆拳道运动的美在于创新和发展

跆拳道运动是需要创新和发展的，二者是一个统一的整体，它们相辅相成、相互影响。如果没有创新，就不会有发展，而没有发展也就不会存在所谓的创新，两者谁也离不开谁。跆拳道运动中的创新与发展是在不断努力、发展和激情中展现出来的，并且具有其独特性。古老的跆拳道运动主要以战争、表演以及娱乐为特点，其中也不乏丰富的民族文化和内涵；而现在的跆拳道运动则是被当作一种美化体形的健身方式，但它也可以是一种生活方式，它在形式上是很丰富的，而且具有多样统一化的特性，不仅具有塑造人体体形的作用，还可以修身养性、排解生活或者工作所带来的压力，最重要的是它可以带给人们精神上的满足和愉悦。无论跆拳道运动在练习的过程中以什么样的方式展现在我们面前，都是可以满足练习者的需要的，练习者可以按照自己的需要在所学的动作之上进行改进，以自身所需要的练习形式进行练习。跆拳道运动的发展毫无疑问是符合大众的生理、心理以及美的需要的，它在创新和发展的同时也更大程度上提高了人们的审美能力。

（二）跆拳道运动的变化之美

和谐是不断变化着的，在跆拳道运动中和谐就是运动中的一种表现。跆拳道运动的变化美通过练习者的换位、动作的大小和空间来呈现，可以使练习者在运动中感受到变化之美和统一之美。在跆拳道运动中，练习者可以在练习的同时使用音乐来伴奏，通过音乐的不同变化来改变动作的大小和力度。音乐的调子和节奏的变化使跆拳道运动的动作也随之有节奏，也就产生了韵律美。在跆拳道运动飞速发展的今天，练习者在练习的同时经常会使用一些难度系数较大的组合动作，素质好的练习者可以在心理上接受挑战，挑战成功之后将会更加的自信，人在变化中寻找美。跆拳道运动腾空动作的变化、动作幅度的变化，身体的快速转换等方面经常会令人出其不意，而这种在空间上的不断变化也带给练习者以美的享受和激情，带给人们无限的想象空间。

（三）跆拳道运动的自然之美

跆拳道运动的活动场地通常都会选择一些环境舒适、干净并且通风良好的地方，也可以选择在室外进行练习，所以跆拳道运动的许多动作都是在大自然中无限制地发挥和释放的，就如同树木和花草、动物一样在大自然中吸取灵感，它其实就是指可以像大自然中的那些动物一样健康、自由，所以跆拳道运动是大自然中不可分割的一部分。使动作与自然交织在一起，去感受自然带给自己的轻抚，不仅可以引发练习者的形象思维，也能使练习者充满想象并唤起美感。

（四）跆拳道运动的生活之美

跆拳道运动从精神文化的层面来解释，其实是类属于个性化的，通过一定时间的练习，跆拳道运动者可以更加的个性，从而充分认识自己和了解自身的优缺点。随着现代社会的快速发展和生活节奏的快速提高，人们在生活中的大部分时间都在机械性地做事，长时间得不到释放会感觉压抑。而如果人们在空闲的时间可以练习跆拳道运动的话，就可起到放松、解压的作用，这样的作用可以促进人们高效地完成工作，以实现真实的自我。

跆拳道运动是人们增进感情的一个很好的方式，参与跆拳道运动，不只是起到了促进人与人交流的作用，还可以通过其运动来塑造形体，促进身体的健康，使人们在拥有好的身体的同时，培养坚韧不拔、谦恭有礼的精神品质，也可在练习中使练习者认识自我、挑战自我和提升自我，从而超越自我，同时也可使每个练习者的内心更加的完整，是身体和心灵的完美组合。参加跆拳道运动还能培养练习者乐观的生活态度，使之走向和谐的生活之路。

所以，在这个繁华而浮躁的社会生活中，人们越来越需要精神上的满足，在生活中享受跆拳道运动的美，并且提升生活质量使跆拳道运动与生活更为融洽地成为一体。

（五）跆拳道运动的健康之美

跆拳道运动与健康是相互联系的，在练习中，伸展、提拉、踢腿等一系列动作都是健康产生的一种美。健康美的存在反映出跆拳道运动中提高身体素质的目的，虽然不能说只要是健康的就是美的，但是可以说只要是美的就都是健康的。好的身体素质和纯洁的心灵同样在人们的全面发展中不可或缺，这同样也是选择练习跆拳道这项运动所要达到的最佳效果。

所以说，跆拳道是健康美的一种表现形式，健康美又是通过跆拳道运动的内在所表现出来的。在社会中，健康是人们的生存需要，这也就是健康之美所存在的根本。

（六）跆拳道运动的独特之美

跆拳道运动在一定程度上来看，其表现出的也是一种艺术美，而这种艺术美与画家、诗人的一些艺术美是完全不一样的。跆拳道运动中生活的活力、健康以及健美的形体和技术的展现、战术的安排等，都体现出其独特的艺术美，同时也是激情的体育之美。跆拳道运动的美的艺术表现性是独特的，它的各种动作衔接的多样化、创造性和艺术性都体现出了跆拳道运动的美。跆拳道运动的美是经历了一个漫长的时期而形成的，美展示的是人类不停的进步、创新以及对生命和生活的一种热爱，而跆拳道运动是将美的社会、自然等方面融为一体的一种表现形式。

三、跆拳道运动中美的特性

（一）跆拳道运动中层次性所体现出的美

在这个自然和谐的社会中，层次呈现是多样性的，它是系统在结构以及功能上划分的等级秩序，是复杂而又客观的系统，不同的层次性其性质、特征也不相同，既有共同的规律也有各自特殊的规律。而对于跆拳道运动来说，其美不是单一的，而是多方面的。从整体上看，跆拳道运动的美是一个集体，而身体、素质、技术、战术、礼仪和精神的美是其的子集；而子集中又有新的阶层划分，人们又能从不同的阶层中进行分析和研究来扩展其对跆拳道运动新的认识和了解，从而使跆拳道运动的美学也在一定程度上得到发展。

（二）跆拳道运动中艺术性所体现的美

跆拳道运动中所展现的美不仅只是美的一种具体形式，它还存在一定程度上的艺术性。其美的艺术性主要呈现于运动的表现过程中。在比赛中一些经典的动作、一个经典的表情等都可以作为一个艺术的作品，都体现着艺术的气息。由于社会的不断发展，人们对审美活动的认识也在不断地发展，当今社会人们去观看比赛已经不单单是去看比赛的输赢，而是去看比赛的过程，体会比赛过程中所体现出来的艺术感带来的享受。对于比赛来说，输与赢都只是一个结果而已，在其过程中所表现出来的不一样的美给人们带来了美的享受。通过跆拳道运动所展现出来的各种美融合在一起就绘出了一幅艺术的画卷。

（三）跆拳道运动中感染性所体现的美

这里所说的感染性中的"感染"是心理上的感染，是通过某一个事物或某件事而引起人们的情绪或行为的变化，实际上就是一种情绪或情感的传递和交流。而感染性在跆拳道运动中，也同样具有不可小觑的作用。在比赛的过程中，当比赛达到了极点或比赛的双方实力不相上下时，比赛就会有很大的悬念，结果也就不能被预测了。与此同时，观看比赛的群众的情绪也会随着比赛的发展而产生波澜，气氛逐渐高涨，而这时也就产生了审美的共鸣。参赛者经过观众情绪的高涨和热情的欢呼，其在比赛中的情绪也得以释放，就会通过比赛来回应观众的热情支持。而这种相互的在情感上的交流和互动也就形成了感染性，也加深了跆拳道运动的精彩和美的展现。

（四）跆拳道运动中价值性所体现的美

体育美是多姿多彩的，也是生动形象的，它存在于体育运动具体的审美对象中。而跆拳道运动之美的表现形式同样也是丰富而多种多样的。它集强健的体魄、丰富的经验和精神以及缜密的技术和战术，还有外在的表现于一体，创造出了美，也给人们带来了美的感受和意境。作为创造美的工具，跆拳道运动所提供的身体、素质、技战术、精神和礼仪等各种各样的美使人们体验、感受并观察到了美所带给我们的享受以及心灵的震撼。跆拳道运动的美是多样的、丰富的，它的美给人们带来了不一样的感受的同时，其价值也是不可估量的。而跆拳道运动所特有的价值也决定着其审美的方向和审美价值。跆拳道运动的审美价值是：跆拳道运动的过程中创造的美以及创造者在这一过程中的自我欣赏；跆拳道运动之美的出现和欣赏者审美需求的满足。对于跆拳道运动的观赏并不是从输赢与得分的角度去看的，而是在观赏中体会运动项目所带给我们的是什么，它的出现又对我们产生了哪些影响和刺激，从而能在跆拳道运动中得到情感等方面的启迪和精神的升华。跆拳道运动员通过出色的表现带给人们精神上美的享受和快感，他本身的身体形态以及运动气质就是一种自然散发出来的美，而这个"他本身"就是一个自然的实体也就体现流露出了自然美的价值。所以说，跆拳道运动的美也就是主体与客体相互统一的有机结合体。

第二节　跆拳道运动的美学体现

跆拳道运动所表现出来的美是丰富并且富有层次性的。它的美包括身体、素质以及动作和战术的美。在身体美中主要展现出来的美包括形态和健康等；在素质美之中主要表现出来的美又包括柔韧和力量、速度和耐力等；在技术美之中主要表现出来的美包括节奏性和动作表现等；在战术美之中主要表现出来的又包括战术的制定与实施之美。在跆拳道的活动过程中，练习者所表现出来的是不怕辛苦、超越自我、顽强、敢于拼搏的一种精神之美。跆拳道运动的美是身体和心灵的结合，是不可分割的整体，它将自然和社会这两部分完美地结合在一起，人是自然界中存在的一种特殊物质，其本身所具有的匀称、对称、和谐，都具有自然美的属性。在跆拳道的赛场上，跆拳道选手的体形匀称、身体强壮、高大，在比赛的过程中他们反应灵敏，往往因出其不意的攻击而取得比赛的胜利，他们在比赛中通过精确的技术、良好的战术、顽强的意志来表现其本身所具有的美，他们以超越常人的素质与顽强表现出竞技跆拳道的美。

一、跆拳道运动中礼仪美的研究

礼仪是人们在社交活动中按照一定的约定俗成的程序来表现出尊重他人和严格约束自己的行为方式。礼仪是一个人的修养，从社交的方式出发，它表现在人们的往来中，它是艺术，是一种人与人交际的艺术的完美呈现。在交流中，礼仪是沟通交流的一种方式，是进行良好对话的一种技巧。礼仪是通过人类不断探索，在互相交流中按照不同的风俗、习惯所形成的，它在社会中起到了维持良好的秩序的作用，是所有人共同遵守的最基本的行为规范，对一个国家来说，礼仪也是维持社会秩序和反映风俗习惯的表现，而对于个人来说，礼仪是一种修养，是行为标尺，也是人与人沟通的桥梁。

在跆拳道运动中要"以礼始，以礼终"。在运动中以严格要求自己，尊重他人为宗旨，跆拳道运动是以格斗的方式呈现的，无论结果如何，练习者时刻都保持着向对方学习和保持敬意的心情，所以在跆拳道运动中，在日常的训练又或是比赛的开始和结束时都要对对方以礼相待。久而久之也就形成了一种无形的文化内涵而存在，而这种跆拳道运动所表现出来的无形的文化内涵——礼仪也是令人敬仰的。礼仪所产生的美是一种由衷的、敬仰的感受，它所展现出来的是一种谦恭的美，是一种强大而不骄傲、进退恰当而又留有余地的礼仪美，更加突显出一种崇高的品德之美。

二、跆拳道运动中精神美的研究

跆拳道运动所追溯的是一种美的气质，也是非常注重精、气、神的。正是这种注重的精神也体现出了艺术的形式，创造了扣人心弦的意境美。跆拳道运动员所展现的恢宏气势和坚韧不拔的意志品质以及矫健的身躯，在比赛中果断的进攻和灵活的躲避等都可使欣赏者产生美感，所以，在跆拳道项目中，精神之美也是很重要的。跆拳道运动项目中，我们从其运动中可看出参赛队员精神的饱满和对待比赛良好的态度，这也表现出了对对手的尊敬。跆拳道运动可以刺激人的大脑，使其精神兴奋，可以说是会影响人身体中的每个细胞产生兴奋与激动。随着社会不断发展，人们对精神方面的需求越来越强烈，对精神上的需求要远远超过物质上的需求。为实现这种满足，就要将理性和感知相结合，而跆拳道运动恰恰就是可以达到这种满足的，跆拳道运动不仅可以使人兴奋，培养良好的心理，而且在练习中还可以培养人们质朴的态度，在心理上有一种能容忍他人的气度和良好的自信，这种宽宏大量和自信可以让其有一种安全感。跆拳道运动有助于民族凝聚力和爱国意识的培养，是为了让人有良好的道德的一种手段，随着跆拳道运动的不断发展，运动员的个性特征也完美地呈现出来，充分展现出其精神风貌和内在品质，这种精神上的美才可以说是这种运动的最高境界。跆拳道运动最后必须经过外在的精神来表现其内在的精华，形神结合，相互统一，才可以发现其最佳的美。所以，跆拳道运动所展现给我们的这种积极、奋进和刚毅、勇敢以及宽广的胸襟、热情和敬业无不流露着令人震惊的精神之美。

三、跆拳道运动中大众跆拳道之美

跆拳道运动中的大众跆拳道是包含了有关跆拳道运动的所有，而在大众跆拳道运动中，很多的技术是与竞技跆拳道不同的，所以在竞技比赛中，也是不能使用的，但在大众跆拳道中所表现出来的有关精神的文化价值却是更有意义的，相较于竞技跆拳道而言是更突出的，因此，大众跆拳道不适宜被列入竞技行列之中。大众跆拳道运动包含很广泛，"大众"涵盖了各个年龄层次，由品势、击破、特技以及跆拳道舞等几大类的62个小项所组成。

（一）大众跆拳道之品势美

在大众跆拳道运动中不同类别的不同小项其展现的美也是不尽相同的，其中品势是以技击为主要内容，并且可用来强健身体，磨炼意志。它是一种根据攻守进退的动作技术而编排出来的练习形式，在品势的演练过程中，十分重视动作的节奏感、力度感和身体的动作形态。表演过程中所展现出来的是一种动人心魄的震撼美，其在演练的过程中融入了美的意识和美的动作形态，包含了自然之美与社会之美的性质，充分地体现出跆拳道品势练习过程中所蕴含的动作美、节奏美、气势美和精神美等美学特征。

品势又被称为"型"。其中的型可以被理解为与我国的武术套路相似，指的是把一系列的动作进行串联和编排而组成具有某些意义和特点以及难度的套路，这种被组合在一起而形成的套路就被称为品势。品势的动作套路是将身体的各个关节以及肢体都融入其中，都可以练习到，并且相互组合和配合，对于每一套动作来说，其线路和动作的数量都是非常规范的。

跆拳道运动中的品势，其最基本的品势内容为太极八章，即太极1~8章，是通过《易经》的阴阳和八卦文化形成的，是练习品势时需要首先练习的。而跆拳道品势也是融入了太极的意义的，太极八卦反映的是整个宇宙，包括天和地、风与雷、水与火、山与泽。其中天属阳而地属阴，表现出的形态即为刚与柔，正是因为这种刚柔相济、相互融合的矛盾体，才促使了事物的发展而产生了万物。跆拳道运动中的太极八章的基本路线是一个"王"字，太极八章是根据太极阴阳说所编排的套路运动，蕴含了一定的宇宙哲学观点，其线路也是根据八卦规律而形成的，套路动作的刚柔、快慢、进攻和防守等也都是以太极的宇宙观为基本原理的。

太极1~8章分别有不同的蕴意，1~8章分别对应了八卦中的"乾卦""兑卦""离卦""震卦""巽卦""坎卦""艮卦""坤卦"。太极8章不仅在意蕴上流露出了无尽的美，而且在套路动作的过程中更是刚柔并济，将其中蕴含的美意和刚劲逐一展露。初学者品势尚且如此，入段后练习的品势难度更强，动作更"华丽而灵动"让人赏之而不忘。随着跆拳道运动的不断发展和创新，品势中的动作也在不断演变、创新，它融入了朝鲜民族的带有民族色彩的美丽姿态，蕴含了博大精深的哲学内涵和灵巧的动作技术以及前人的精神，将品势的节度以及气魄都融会贯通至一个"美"字之中。

（二）大众跆拳道之特技美

大众跆拳道中的特技与竞技跆拳道中的实战是不同的，实战与特技相比较，特技突出的是表演，更富有观赏性以及表演性。由于等级的不同，特技表演的难度也不同，特技的演练是以基本功为基础的，其柔韧和弹跳以及动作的熟练度都是不可缺少的。原因是表演动作的出现不是随随便便就做出来的，也不是弄虚作假的，而是通过汗水和勤奋的练习以及伤痛努力才换来的精彩的演出，有艺术感的美的动作，只有具备了扎实的基本功，才可以做出高难度的观赏度很高的动作，如柔软的韧带和强悍的爆发力以及优越的身体协调性等。

跆拳道运动中的特技包含了跆拳道的基本动作和套路以及对抗和防身术等，技法有手技、脚技和步伐等。跆拳道特技就像杂技一样动作高难、观赏效果极佳，并且可以牵动观赏者的视线和注意力，给人以捉摸不透的紧张和震撼美，如跆拳道特技中的腾空上、抡、侧踢等都是特技表演过程中较为精彩的动作。特技带给人们的是一种紧张、刺激以及在视觉上的享受之美。

（三）大众跆拳道之跆拳道舞美

跆拳道操就是跆拳道舞蹈，是兴起比较晚的一个新的可以健身和观赏的项目。跆拳道舞是通过品势和音乐相互结合由练习者表演的优雅且健康的运动，其中用到的音乐也就是专门的跆拳道音乐，也可以使用其他类别的音乐，只要与所编舞蹈相映衬就可以。跆拳道舞的兴起也是离不开跆拳道运动的基础的，舞的形式也是由跆拳道运动的基本动作为基础的，再加上音乐的配合以及其他流行舞蹈的元素加入等，如街舞，但是要保证跆拳道运动的动作占整个舞蹈的2/3以上。

跆拳道舞蹈的迅速发展，原因不单单是服装没有约束，最主要的是因为它适合不同的年龄和身材以及性别的人来练习，只要适当的调试音乐以及动作的难易程度即可，从而达到健身的目的。根据年龄的不同和性别的不同以及身体健康程度的不同，跆拳道舞蹈集简单、热情、奔放和缓和于一体，随着人群的不同可以自由地选择。

通过客观事物直观表现出来的美，可以打动人心而促使审美的产生，这种审美的产生是可以让人久久难以忘怀的。而跆拳道舞是人体用肢体来展现意境和情感的一种激情的迸发并且可以深入人心的美，跆拳道舞是通过品势和音乐以及流行的舞蹈元素等组成的，其音乐也是强劲有力并且富有节奏感的，也可以轻柔而舒缓，就如艺术舞蹈一样放松，节奏感与舒缓放松相结合，形成特殊的音乐，不一样的音乐也有不一样的舞蹈和人群。跆拳道舞不仅服装不受约束，不同的年龄阶段和不同的体形都可以参加，跟随着音乐的律动而舞动身体的各个部分从而达到健身的效果。其展现出的是一种刚柔结合的美，是人体肢体的极限美和精神上的震撼美，更多的也是身心的健康美。

（四）跆拳道运动中竞技美的研究

在跆拳道运动中，竞技跆拳道是其中重要的一部分，是以奥运会中的竞赛为目标，通过理论与实践相结合而形成的。竞技跆拳道通过比赛的形式为大众展现出跆拳道运动所特有的对抗美和强悍的精神美。竞技一词在最开始时是指人体力量和灵巧的技术动作所表现出来的一种活动，而现在的竞技跆拳道是指攻守双方按照比赛的规则，通过技战术的合理使用，以求战胜对手的一种方式。它要求参赛队员的动作合理、实用，实战价值要高，只有这样才可防止在比赛中犯规，从而制胜，是为了比赛胜利而进行的一种行为活动。跆拳道运动作为一项体育运动，是因为比赛场上的双方运动员相互激烈的对抗和永不放弃的精神等。在一场比赛中，参赛者没有良好的精神面貌，不能充分发挥其拼搏精神，那比赛也就没有了其固有的意义，并且会丧失掉其观赏性，所以，在跆拳道运动中的美也包含着竞技性，这也是其运动之美的特性之一。只有顽强地去拼搏、去竞争才会充分体现出让观众惊心动魄的美。

1. 跆拳道运动竞技美之身体美的研究

跆拳道运动竞技美之身体美主要包括形态、健康和强壮之美。形态美是人体各组织器官协调配合下所表现出来的形态特征。常言道：行为动作之美可以使人的眼睛得到享受和感动，而意韵、意境之美则可以使人的心灵得到享受和感动。跆拳道运动是以腿为主，以手辅助，手和脚并用的运动项目，这也要求运动员的身材要高大、修长，并且具有强壮、坚实的外在身体表现，才可以充分发挥这个运动项目的特点以及运动项目的特长，而跆拳道运动本身所具有的表现特征，也是通过运动员外在的身体形态而展现出来的，是和其他运动区分的关键所在。对于跆拳道运动本身来说，身体美是通过运动展现出来的，是一种矫健而充满了力量的美，是和生命一样的健康和活力的美的体现。

2. 跆拳道运动竞技美之素质美的研究

人体在体育活动的过程中所展现出来独有的自然之美便是身体素质之美。跆拳道运动对练习者的素质要求还是有一定高度的。跆拳道运动中快速的移动、准确的击中得分部位、强而有力的出腿以及奋力的追分等，这些都要求学员要有相对较高的身体素质，如速度和力量、柔韧和灵敏以及耐力等素质。而这些素质都是练习者在平时的训练过程中日积月累，经过不断的努力而得到的。他们运用所学的各种各样的技术来完美地发挥其所得，也充分地将其素质之美展现在人们眼前。

3. 跆拳道运动竞技美之技术美的研究

技术是指在比赛中战胜对手的一种能力，是决定运动员能力的重要因素之一。在战术的运用之上，技术是基础，它还可以弥补其他素质方面的不足之处。在跆拳道比赛时，攻守双方运动员的身体会频繁地接触，而这对体能的消耗也比较大，但最主要还是表现在技术上，以技术来获得胜利。技术主要表现在参赛队员为了取得胜利，在规则允许的条件下完成各种动作的过程。跆拳道运动的主体是跆拳道运动的基本技术，而跆拳道运动的基本技术主要有下肢的步伐、腿法以及上肢的格挡防守动作。运动员规范、灵活的动作会给比赛带来新的生命,提高其观赏性和艺术性,就如参赛者在做出高难度的旋转的技术动作来攻击头部、腹部时的出其不意,快速地转变步伐等一系列的技术都体现出了一种在运动时的美。跆拳道运动中,一个好的运动员会在比赛过程中充分利用自身的协调来展现运动过程中的技术之美和灵活的动作,准确地击打更展现出了出腿的过程中腿部的出击线路之美和判断力的准确。也就是说,在跆拳道中的技术之美就是身体的协调、节奏以及灵活的步伐移动、准确的进攻和完美的闪躲等。

4. 跆拳道运动竞技美之战术美的研究

战术是在比赛过程中参赛者为了取得良好的成绩或可以获得所期望的比赛成果而采取的谋划和行动。跆拳道运动动作快速、准确和有力度,并且富有创造性的风格加上合理的运用战术,是十分具有观赏性的。对跆拳道运动来说,正确的战术指导也可以为其发展起到推波助澜的作用。在体育运动的竞技比赛中,所有的比赛都是会运用到战术的。就跆拳道运动来说,在竞技比赛的过程中,战术的安排是不可缺少的,特别是在双方运动员的实力不相上下的状况下,战术也就显得尤为重要。即使是在实力有所差别的情况下,战术运用得当也是可以扭转局面的。其实,战术就是赛场上智慧的较量,战术是教练和选手都十分看重的内容之一,它的灵活变化和运用为跆拳道比赛增添色彩,同时也提高了人们的审美能力,使跆拳道运动与艺术产生一定的共鸣,从而产生美的感受,这就是一种战术美的表现。

第三节 跆拳道运动的审美价值

跆拳道运动所体现的审美价值在于其对人们身体上和心理上的改善以及思想和精神上的提高,也就是跆拳道运动的健身和教育的功能。跆拳道运动之美的价值在思想上可使人的审美能力提高,与此同时也可使人们拥有正确的健美的意识。而在跆拳道运动的健身功能之上,可使人们的形体更加完美,更加拥有健康和美好的身体形态。

一、跆拳道运动审美价值的含义

价值是一把标尺,是人们用以衡量达成精神的共识而耗费的物质资源的标尺。而从哲学的理论角度来看，价值又是一种客体对主体的效应。在运动中，跆拳道作为客体，其也是对体育主体的反应，跆拳道运动美的审视功能对所有练习这个项目的人群具有一定的效应，其所产生的效应有身体方面和精神方面的效应。审美中的价值属性和其本质是相同的，都需要符合客体对主体特殊的需要。

二、跆拳道运动审美价值的教育与健身功能

（一）跆拳道运动的教育功能

当今社会，我国的素质教育是面向全体学生的教育，也是全面发展的教育。素质教育包括德育、智育、美育以及体育和劳动技术教育。德育是素质教育的基础，智育是素质教育的核心，体育是素质教育的根本任务，美育就是要培养学生的审美观。而这也充分地体现出了美育的重要性，要求提高学生感受美的能力、培养学生鉴赏美的能力，同时也形成学生创造美的能力。跆拳道运动的美学审视恰恰可以促进学生的各项素质和创新能力、个性的全面发展。

跆拳道运动的美是主体有意识和有目的地凭自身的审美感受和审美经验以及文化素养对审美对象进行的一种观察、体验和品味、判断、评价的能力，即审美鉴赏能力。其是存在于跆拳道运动当中的，其中最主要的是对进行审美的对象中的性质、形象、结构等诸类进行分析，同时也能够深入至美的更深层次中，从更深一层的精神之中使练习者得到所需要的价值，以此来提升自身对审美的经验和感受。

跆拳道的练习可以提升对美的欣赏能力。在多样化的跆拳道运动练习中，无论是教练、练习的人还是观看比赛的人，他们意在追求一种个性、健康的美，以此来塑造人心灵上的一种美。在进行跆拳道运动的实际过程中，练习者的每一个动作都是对审美价值的理解、评价的一种过程，通过跆拳道运动的审美实践，人们能够从感性认识提高至理性认识，将跆拳道运动中可以感受到的身体美、健康美等提炼升华，可以使人们的文化知识和对审美的欣赏得到提高。

对于跆拳道运动这个专业而言，审美教育的环节还比较薄弱，对人们进行审美方面的教育，不仅可以正确指引其对审美价值的提高，还可以帮助人们提高自己的专业修养。在跆拳道运动的实践过程中，掌握好审美对象的特征，不但使他们养成良好的习惯，使其形态、健康得到提高，而且可以培养其良好的

道德修养，这是对其人格的美育。

（二）跆拳道运动的健身功能

如何更加科学的健身逐渐成为人们参加体育锻炼的重要问题。人们参加跆拳道运动是因为对跆拳道运动锻炼的需要，也是因为对健康的身体和体态的一种"美"的需要。跆拳道运动这个项目不仅可以强身健体，使其体力充沛、心情愉悦，同时也可以使其健康美、身体机能的协调美等得到体现。

第四章　跆拳道技术教学

跆拳道竞技紧随时代的步伐，在有了体育竞技以后，就有了竞技跆拳道。它指的是在相关的规定制度下，通过双方的技能来补充和改变自己，用来比较技能、促进友谊、相互学习的一种体育比赛活动。根据不同的技能方式，可将竞技跆拳道划分成不同的类型，分别为进攻、防守、防守反击三种类别。基本技能的强度不仅和跆拳道技能的深入学习有关系，还和技能的发挥和比赛的结果有关系。

第一节　攻防部位

手脚并用且脚做主导、手做辅导是跆拳道技能的主要特点。所以，跆拳道击打的部位关键就看手和脚的技能发挥的效果如何。手的攻防部位在于拳和掌。脚的攻防部位在于脚背、脚掌、脚刀三个部位。

一、手

一般情况下，跆拳道中对于手的使用涵盖了五个部位，包括拳、掌、指、臂和肘，但是这些部位也不是全都会经常出现，主要出现的还是拳法，另外四种方法在品势和平时的搏击格斗里才可能展现出来。

（一）拳

拳法使用的范围很大，尤其是在传统跆拳道当中，它的作用就是击打对手的脸、身体、肚子等相关部位。拳法的使用在比赛过程中要遵守一定的规则。

（二）掌

1. 底掌

底掌也称弧形掌。拇指展开微屈，其余四指并拢，第一指关节微屈，掌成弧形。底掌可在搏击实战中掐击对方的颈部或用掌根底部攻击对方。

2. 贯手

贯手的手形与手刀相似，拇指内扣贴近食指，中指微屈，基本保持四指尖平齐。贯手主要用于戳击对方要害部位。

3. 二指贯手

二指贯手又称剪形指。食指与中指伸展成V型，拇指压扣在无名指的第二关节处。二指贯手主要用于插击对方的眼睛。

（三）臂

1. 前臂

指腕关节以上、肘关节以下的部位。主要用于格挡防守。

2. 腕部

指腕关节四周的部位。主要用于格挡防守。

（四）肘

肘关节是由肱骨远侧端和桡、尺骨近端关节面组成。也就是指上、前臂之间的连接处。肘在实战搏击中的威力很大，不但可以用于进攻，也可以用于格挡防守。

二、脚

竞技跆拳道使用脚攻击的部位是踝关节以下的部位。由于跆拳道中腿法技术较多，以脚的某一部位为力点的技术也相对丰富，具体有以下五个部位。

（一）前脚掌

前脚掌是指脚底前部的骨和肌肉部分。以前脚掌为力点的攻击在实战中很少体现，一般用于推踢、前踢等腿法技术。

（二）后脚掌

后脚掌是指脚底后部的跟骨下缘和肌肉部分。多用于蹬、踢等动作。

（三）正脚背

正脚背是竞技跆拳道比赛中用于攻击对手的关键部位，是指踝关节以下至第一趾关节以上的部位。多用于横踢、飞踢、跳踢等技术，具有击打距离远、力量大的特点。

（四）脚刀

脚刀是指脚底和脚背相连接的脚外侧边缘部位。多用于侧踢等技术。

（五）脚后跟

脚后跟指脚后部踝关节以下的部位。多用于后踢、后旋踢等技术。

第二节 实战姿势与步法

实战姿势又叫作准备姿势，指的是跆拳道比赛过程中，运动员为了进行技能攻击或防卫所做出的准备动作。

一、实战姿势

跆拳道的实战姿势有不同的类别，分为标准的姿势、侧向的姿势以及低位的姿势。因为有不同的姿势，所以可以根据不同的情况做出不同的姿势准备应战。比如，在锻炼时候，左腿在前还是右腿在前，实战的姿势都是不同的。

（一）标准实战姿势

左脚在前为左势，右脚在前为右势。

动作方法：两脚前后开立，后脚跟略抬起，两腿膝关节微屈，重心在两脚之间，上身自然直立，45°斜向右前方，双手握拳，两臂弯曲置于胸前，目视前方（图4-2-1）。

图4-2-1

易犯错误：全身紧张，肌肉僵硬；膝关节未弯曲，没有弹性；身体重心偏前或偏后。

纠正方法：可在同伴的帮助下进行纠正或面向镜子自我纠正。

（二）侧向实战姿势

动作方法：身体完全侧向，两脚间距离为肩宽的1.5～2倍，两脚在一条直线上，其他同标准实战姿势。侧向实战姿势适用于侧踢、后踢等腿法。

（三）低位实战姿势

动作方法：低位实战姿势站立时，上体微向前倾，两腿屈膝的角度加大，身体重心降低，两脚间隔为肩宽的1.5～2倍，其他同标准实战姿势。低位实战姿势适用于反击技术，如后踢、后旋踢的反击。

二、实战中与对手相关的站位

跆拳道实战中，按双方运动员相对站立的姿势，可以分为开式站位和闭式站位两种。

（一）开式站位

我方左实战姿势站立，对方右实战姿势站立时，或我方右实战姿势站立，对方左实战姿势站立时，称为开式站位（图4-2-2）。

图4-2-2

（二）闭式站位

我方左实战姿势站立，对方左实战姿势站立时，或我方右实战姿势站立，对方右实战姿势站立时，称为闭式站位（图4-2-3）。

图4-2-3

三、步型

跆拳道的步型是指在跆拳道练习或实战中，站立位置的姿势和脚步的形状。步型是和步法紧密联系的，是品势练习的基础。

（一）预备势

两脚左右开立，与肩同宽，两脚尖外展，双手握拳置于腹前，两拳面相对，拳心向内。

（二）并步

两脚并拢，两脚内侧贴紧，身体直立，两臂自然下垂于体侧，目视前方。

（三）开立步

两脚左右开立，与肩同宽，两脚尖向前，两臂自然下垂于体侧，身体放松，目视前方。

（四）行步

行步也称探步或高前屈立，其动作方法是两脚前后开立，姿势与平时走路相似，两膝微内扣，两脚之间的距离为本人脚长的1~1.5倍，重心置于两腿之间。左脚在前称为左行步，右脚在前称为右行步。

（五）弓步

弓步也称屈立步，两脚前后开立距离相当于本人的一步半，前腿屈膝半蹲，后腿蹬直，前腿膝关节与脚尖垂直，让重心大部分落在前脚上。左脚在前称为左弓步，右脚在前称为右弓步。

（六）马步

两脚开立，略比肩宽，两脚平行，脚尖向前或略内扣，挺胸直背，两腿屈膝半蹲，重心落在两腿之间。

（七）三七步

三七步也称后屈立，动作方法是两脚前后开立，距离为本人脚长的3.5~4倍，后脚尖转约90°，两膝微屈，前脚尖向前，身体重心约70%在后腿，30%在前腿。左脚在前称为左三七步，右脚在前称为右三七步。

第三节 进攻技术

跆拳道的进攻技术由手的技术和腿的技术两部分组成，这里所介绍的手的技术是在比赛中运用的，练习时要仔细揣摩，以便为以后的深入学习打好基础。

一、手的技术

手的技术是跆拳道的基础，在竞技跆拳道比赛中可以使用手的进攻技术只有一种（正拳击打）。学习拳法技术之前，我们先了解一下拳法的发力顺序。在拳法的发力过程中，腰、腿和肩的作用是很大的，也就是说，冲拳的同时要借助蹬地、转腰、送肩、旋臂的力量，只有这样，才能将身体的力量集中在一点，从而发挥拳法的最大威力。

冲拳也称正拳击打，是竞技跆拳道中唯一允许使用的拳法技术，但只能击打对方的躯干部位。冲拳可以分为左冲拳和右冲拳两种。

（一）左冲拳

动作方法：实战姿势站立；右脚蹬地，左脚以前脚掌为轴，脚跟外旋，重心移至左脚，转腰，上体催动左臂将左拳从胸前向前旋臂直线冲出；冲拳的同时右臂做下格挡动作；接触目标的瞬间拳心向下，目视前方，动作完成后按原路线返回，成实战姿势站立。

动作要点：①冲拳时，应充分利用蹬地、转髋、转腰、顺肩和旋臂的力量，力点应在拳面；②冲拳时，发力要果断，整个动作要协调、流畅；③击打瞬间，肩、肘、腕、指各关节均应紧张用力，动作完成后迅速放松，将拳收回，成实战姿势站立。

易犯错误：击打时只是手臂在做动作，没有充分利用蹬地、转髋、转腰、顺肩和旋臂的力量，从而降低了拳法的力度；动作不协调，冲拳时因力量过大而失去重心。

纠正方法：初学时，应由慢到快反复练习，理解冲拳的发力要领，待熟练后再加快速度完成练习，也可以面对镜子纠正错误动作。

实战作用：比赛中用于击打对方的躯干部位。例一，双方闭式站立，对方以横踢进攻我方肋部，我方用右手格挡防守的同时，以拳法反击对方的躯干部位。例二，双方闭式站立，对方以前腿横踢进攻我方腹部（或双方开式站立，对方以左横踢进攻我方腹部），我方在用右手下格挡防守的同时，以左冲拳反击对方。

（二）右冲拳

动作方法：实战姿势站立；右脚蹬地，同时以前脚掌为轴向内扣转，重心移至左脚，右脚随之转动扣膝；合髋转腰送肩，上体催动右肩、右臂，将右拳从胸前准备姿势向前旋臂沿直线冲出，力达拳面，冲拳的同时左臂向下做格挡动作；接触目标的瞬间拳心应向下，目视前方。动作完成后按原路线返回，成实战姿势站立。因为右冲拳与左冲拳基本相同，所以，动作要点、易犯错误、纠正方法、实战作用等内容就不再重述。

二、腿的技术

（一）前踢

前踢是跆拳道运动中一种重要的踢腿技术，同时也是学习横踢的基础。在跆拳道品势中，前踢是一种常用的技术动作。

动作介绍：右脚蹬地髋关节向左旋转，双手握拳置于胸前，膝关节朝前，脚面稍绷直，膝关节抬到与大腿水平或稍高时，快速向前弹出小腿，用脚面或前脚掌击打目标，击打以后快速右转髋，使小腿折叠回原位。主要攻击部位有：面部、下腭、腹部。前踢可用于防守（图4-3-1）。

图4-3-1 前踢动作

1. 技术分析

（1）在运用前踢技术时，运动员需采取左架姿势站立，以左腿为支撑腿。

（2）将右大腿向上提起，同时稍微向左边转动髋部，将膝盖放于前方位置，并将脚面略绷直，双手则在提起右大腿的同时将髋部略向左转，膝盖朝前，脚面稍微绷直，双手握拳并自然放在身体的两边。

（3）将髋关节一直往前方伸出，并向前方将右大腿提至水平位置或比水平位置略高，此时向对手踢出小腿，用脚面攻击对手。

（4）在完成前踢动作后，迅速向右边转动髋部，收回小腿，直至还原成准备姿势。

2. 动作要领

（1）在将右腿往上提起的过程中，左、右两大腿之间的距离越短越好，也就是说，以直线提腿最好。

（2）身体重心要稳，若采用高前踢，应尽可能向上、向前送髋。

（3）在攻击对手时，尽可能绷直脚面。

（4）在将小腿向前方踢出时，要进行制动，否则无法产生鞭打的效果。

（5）脚尖的方向为前上方。

3. 易犯错误

（1）在提腿时没有往前方送髋。

（2）在攻击时，脚面是弯曲的。

（3）在提膝时，小腿未按直线踢出。

（4）支撑腿与髋部的转动不协调。

（5）在小腿向前方踢出时无制动，缺乏鞭打的效果。

（二）横踢

横踢是跆拳道竞技中常用的腿法之一。因为其主要攻击头部，所以在实战中非常实用。

动作介绍：右脚蹬地屈膝提起，左脚以脚掌为轴外旋180°，右腿以膝关节为轴抬到一定高度以后，右腿的小腿迅速有力地弹出击打目标，顺鞭打之势上体右转，右腿屈膝回收，右脚落回原处成实战姿势（图4-3-2）。

图4-3-2　横踢动作

1. 技术分析

（1）从左势实战姿势开始，右脚向后蹬地，身体重心前移至左脚，左脚支撑，右脚屈膝前提，左脚以前脚掌为轴，脚跟向外旋约180°，同时，右膝稍内扣。

（2）右腿伸膝，向左前方伸直，右脚在屈膝扣小腿动作的带动下，向右用前脚掌做鞭打动作，右脚鞭打结束后，放松屈膝回收，落回原地成左势实战姿势。

2. 动作要领

（1）转身、踢腿要连贯，一气呵成。

（2）头、肩、腰、髋、膝、腿、踝成一直线。

（3）踝关节向下扣。

3. 易犯错误

（1）转身、踢腿中有停顿，二次发力。

（2）重心和腿控制不好。

（3）缺乏弹性，不收腿。

（三）侧踢

侧踢动作在阻挡对方进攻时运用较多。

动作介绍：右脚蹬地屈膝提起，左脚以脚掌为轴外旋180°，同时右脚向右前方直线踢出，力点在于脚刃与脚跟，原路收回落地，仍然成左势实战姿势（图4-3-3）。

图4-3-3 侧踢动作

1. 技术分析

（1）沿直线将右大腿提起，小腿弯曲并将髋部向左侧转动。

（2）使膝盖方向朝内，将脚面勾起，并将髋部展开，右腿以直线水平蹬出，用脚掌外侧向对手进行攻击。

（3）攻击完成后，还原成准备姿势。

2. 动作要领

（1）起腿时，大小腿、膝关节夹紧。

（2）头、肩、髋、腰、膝、腿、踝在同一直线上。

（3）踢击时提膝、转体、展髋，一气呵成；上体略侧倾。

3. 易犯错误

（1）大小腿肌肉折叠不够紧。

（2）踢击时髋关节没有展开，致使肩、髋、腿、踝不能直线踢击。

（3）动作缺乏弹性，不连贯，不易收腿。

（4）上体前俯过大，踢出无力。

（四）后旋踢

后旋踢主要用来对对手的进攻进行反击，是一种比较常用的技术动作。

动作介绍：以左势开始，左脚以前脚掌为轴内旋90°，右脚与此同时贴着左脚内侧旋转，身体重心在左脚，以左脚为轴身体原地旋转360°，右腿向右后方伸的同时并用力向右屈膝鞭打后顺势放松，原地收回，仍成左势实战姿势（图4-3-4）。

图4-3-4 后旋踢动作

1. 技术分析

（1）采取左架姿势站立，左脚跟绕左脚尖向外旋转，重心在左脚。

（2）身体继续向右后方旋转，右腿在旋转半周时快速屈膝并用脚掌攻击对方头部。

（3）进攻完成后，还原成准备姿势。

2. 动作要领

（1）右腿在开始旋转时应有一个向斜后方向蹬伸的动作。

（2）头部的转动应与身体的转动协调一致。

（3）左脚的动作与髋部的转动协调一致，在动作未完成前，身体重心应在左脚掌的前半部分。

3. 易犯错误

（1）右腿在划弧时抡得太圆，且缺少一个向斜后方向蹬伸的动作。

（2）提腿与身体向右后方向转动不协调。

（3）头部的转动与身体的转动不同步。

（4）在动作开始时，小腿过于绷紧。

（五）劈腿

劈腿在跆拳道运动中运用较多，又称为"下劈"，是一种重要的进攻和反击技术。

动作介绍：从左势实战姿势开始，右脚向后登地，身体重心前移至左腿，右脚蹬地提膝后膝向前起腿，脚跟提起，左腿伸直，右腿提膝提到一定高度后小腿迅速打开，右脚尽量上举至头部上方，放松、快速下落，以脚掌与脚跟击打目标，成右势实战姿势（图4-3-5）。

图4-3-5　劈腿动作

1. 技术分析

（1）在劈腿时，采取左架姿势站立，以左腿为身体重心位置。

（2）在提右腿的同时略向左转髋，并向上送髋，尽可能缩短右腿膝盖与胸部间的距离。

（3）伸直右腿向上举起，尽可能与上体贴紧。

（4）在攻击完成后，还原成右架准备姿势。

2. 动作要领

（1）在进行劈腿时，应略微转髋，在提腿向上时，应向上送髋。

（2）在右腿下劈时，将身体重心往前移。

（3）右腿上提时，应使脚面处于放松状态，在下劈时，略微绷直。

（4）左脚要与身体迁移协调一致，并保持重心稳定。

（5）在跆拳道的比赛中，对手经常会将头部后移来躲避攻击，这时，可在下劈距对方面部很近时向前蹬踏，以攻击对方面部。

3. 易犯错误

（1）起腿的高度不足。

（2）支撑腿与身体移动的配合不协调。

（3）在下劈时，身体重心不稳。

（4）上身后仰过多，下劈动作缺少力度。

（六）推踢

推踢技术与前踢技术有些相似，故学习时，应在前踢技术完全掌握后，再学完横踢技术后再进行。这样可有效避免因动作相似而造成的干扰。

动作介绍：右脚蹬地，身体重心前移至左脚，右脚蹬地屈膝提起，左脚以脚掌为轴外旋90°，重心向前压，同时右脚迅速向前方推踢，力点在脚掌，推踢后迅速屈膝，身体重心前落成右势实战姿势（图4-3-6）。

图4-3-6　推踢动作

1. 技术分析

（1）右脚蹬地，身体重心前移到左脚，右腿以髋关节为轴屈膝提起，大、小腿折叠，直线蹬伸，脚尖回收，脚掌对准踢击目标。

（2）支撑脚旋转，重心平稳推进，调整到适合踢击位置，增加踢击力量。

（3）通过迅速展开髋、膝关节，使脚掌向前直线蹬伸踢出，力点在脚掌，推力向正前方。

2. 动作要领

（1）提膝时尽量收紧小腿。

（2）身体重心往前移，增加前推的力度。

（3）推踢时腿往前伸展，送髋。
（4）推的方向为水平向前。

3. 易犯错误

（1）大小腿收不紧，易被阻截。
（2）上体太直，重心不能迅速前移，不利于发力与连接下一个技术动作。
（3）上体过于后仰，攻击力与腿不能水平前推。

（七）后踢

后踢是跆拳道运动的一种常用技术动作，其主要用来对对手进行反击。

动作介绍：左脚蹬地，脚掌为轴内旋90°，右脚同时以前脚掌为轴脚跟向内旋，随右脚前蹬，右腿大、小腿折叠，屈髋关节收紧大腿，左腿稍屈膝，右脚向右后方随展髋伸膝沿直线向后方踢出，上体侧倾，力点在脚刃，然后右腿屈膝回收，向前落下（图4-3-7）。

图4-3-7　后踢动作

1. 技术分析

（1）在进行后踢时，身体采取左架姿势站立，以左腿为身体重心位置。

（2）将左脚跟绕左脚尖向外旋转，使身体朝向右后方，并提起右大腿，使大、小腿折叠在一起，再将脚尖勾起，头部略转向右后方。

（3）水平朝后蹬右腿，在蹬直前将膝盖稍向右转。

（4）用脚跟向对方胸、腹部攻击。

（5）在进攻完成后，还原成准备姿势。

2. 动作要领

（1）右膝的提起要与身体转向同步。

（2）在转到与对手背对时应进行制动，并将右脚蹬向后方。

（3）右腿向上提时，两大腿之间的距离越小越好。

（4）头部的转动应与身体转动同步。

（5）保持身体重心稳定。

（6）在掌握后踢动作后，应力求转身与后蹬的动作同时完成。

（7）在后踢动作熟练后，进行高后踢练习。

（8）左脚应与髋部的转动协调一致，并保持身体重心稳定。

（9）在跆拳道运动中，侧向进攻较多，因此，在运用后踢时，其方向应朝正前方偏左的位置。

3. 易犯错误

（1）右腿向上提时，两大腿间的距离过大。

（2）头部的转动与身体的转动不一致。

（3）转身与后蹬动作不同步，缺乏连贯性。

（4）左脚与髋部的转动不协调。

三、影响跆拳道主动进攻技术的因素

跆拳道运动具有很强的格斗性，使发出的进攻动作快速、隐蔽，是每一次进攻能够有效地击中对方得分部位的关键，在比赛中，很多因素会使目标方对进攻方的进攻不能及时地应对。

（一）跆拳道意识

与其他运动项目一样，跆拳道运动也需要培养跆拳道意识。在马克思主义理论中，意识是一种心理活动，其本质是物质世界的主观印象，是人脑的机能和属性，人的所有行为都受大脑意识的掌控和指导。王增平在《跆拳道意识研究》的书文里对于跆拳道的意识有着明确的解释："运动员在跆拳道比赛中、教课过程中、运动锻炼中依据现场的比赛和训练状况，通过听觉、视觉、感觉来进行判断、辨别和指导。"

1. 跆拳道意识的形成及培养

运动意识表现在不同的地方，比如，人们的主张性、主动性、目标性、预见性和社会性等。运动意识包括技能意识、对战形式意识等。跆拳道无论是在训练中还是在比赛中都会受到运动意识的支配，在运动意识的支配下，运动员所发出的各项动作才会具有自觉性和目的性。并且，通过运动意识的支配，运动员可以依照对手的细节特征来掌控和协调自己的运动方式，达到将自己的最大能力发挥出来的目的。技术意识指的是在锻炼过程中，自发性的心理活动。技术意识简单地说就是把学到的动作完整、准确地展现出来，技能的展现形式主要的目的就是让视觉控制作用不断减少，动觉控制作用不断加强，在技术意识的支配下，运动员可以及时纠正自身动作上的缺点。与技术意识一样，战术意识也是一种心理活动，在战术意识的指导下，运动员在竞赛过程中需要依据相应的指令进行动作的发生和完成。同时也要依靠战术，准确、适当地使用技能和战术。战术意识贯穿于整个比赛的始终，其是运动员心理、技术与战术水平的综合体现。运动员在不同的比赛当中，使用不同的战术和技术，能力越强，其战术意识也就越强。总的来说，运动意识是一个综合思维过程，其由人的意识和动作技能协调平衡之后产生。

在跆拳道运动的训练中，我们应当向运动员灌输战术意识的重要性，重视战术意识的训练。此外，在具体的培养过程中，应当因人而异，有计划、有针对性地对不同的运动员进行训练，只有这样才能收到良好的效果。

2. 跆拳道意识与技术的关系

技术与意识之间并不是孤立的，相反，它们之间有着非常密切的联系。从心理学的角度来讲，人的意识形成之后，就可以对人的行为活动做出指导。意识可以指导实践，也可以作用于实践，进而加快实践活动的进一步发展。跆拳道竞赛当中，所有的技能动作的发出都有其目的性，是运动员一次有思想意识的动作，而且所有的技能动作都是在两个信号系统互相配合的前提下进行的，主要是在第二个信号系统的掌控之下结束动作。尤其是在技能动作的产生过程当中，意识就显得尤为重要，在意识的作用下，运动员会将学到的技能和口令做出清楚的记忆和准确的定义，并且连续地对技能动作进行完善。

将训练与比赛结合起来是技术训练中培养意识的良好途径。通过战术意识与技术训练的结合所得到的技术才最贴近实战，最具实用性。在比赛的详细实施过程中，运动员需要依据自己的战术和对方的战术来对自己的战术做出准确的分析，进而不断地完善自身的技术动作。在跆拳道运动中，运动员对于所有技能的掌控、战术的适当选择和使用都属于跆拳道意识。所以，在跆拳道技能锻炼过程中，运动员需要对所有的战术目标有一个清晰、明了的熟悉和掌控，只有这样才能更好地进行有针对性的训练。战术意识归属于跆拳道意识，在比赛过程中，战术意识对于技能的使用、战略的使用都有指导意义。因而跆拳道意识是跆拳道竞技的精神所在。从跆拳道运动训练的立场来看，意识属于对跆拳道比赛规则的认知和回馈，就是说比赛完成所使用的各类技能和战术在运动员脑海里的详细反映。这些反映对于运动员的比赛结果具有决定性作用。比如，在一个比赛当中，运动员没有办法把临场技能完整地、有效地充分发挥出来，但进行有目的的相关强化训练后，使用这些临场技术所获得的效果必然会有所提升，事实上，这样可以增强意识能力。所以，在对跆拳道技能进行培训的过程中，我们应该着重培养运动员的进攻意识，这样可以增强运动员选择准确战术和准确技能的能力，还可以提高运动员的临场反应能力。

（二）预备姿势

在跆拳道竞赛当中，这种姿势指的是基础技能的预备姿势。因为运动员在身体特点和心理特点等方面都存在一定的差异，因而他们的预备姿势也会有所不同。任何一个技法都具备开始和结束两种不同的姿势。但是从整体上来讲，都需要具备如下的三个条件。

（1）无论做什么样的动作，身体都是自然的反应，不应该是被强制的。

（2）动作发生的同时和动作练习时，力求快速敏捷。

（3）要注意动作的隐蔽性，不要暴露自己的攻击意图。

跆拳道预备姿势有标准预备姿势、侧预备式和低姿预备式三种不同的类型。在跆拳道比赛中，这三种姿势运用得都比较多，相较而言，侧预备式和低姿预备式比较适合侧踢、转身技术以及反击技术。从跆拳道运动倡导主动进攻来看，侧预备式和低姿预备式并不协调，并且在实施技术动作时容易将自身的意图暴露给对手，而以上的内容会对竞赛中的技能和战术起到不小的影响。比如，侧预备式的左右脚站立时，是属于往右侧一点，往里面内扣的，但是在运动开始时，为了技能的完整表现，有的运动员会先扭转前脚，有的是先向前迈一个小步，之后再开始做出下一个动作的连接动作，反而给对手创造了机会。出现这些现象的最终原因就在于所采用的姿势不合理。因此，综合各方面的考虑，在比赛中最好还是使用标准姿势。

准备姿势指的就是攻击动作的开始，也指对方攻击的目标，这在比赛当中出现的姿势里面最常出现的姿势，也是保留的时间最长的姿势。所以，准备姿势是跆拳道运动中影响最大、技能最高，并且要求最高的一个必须准确完成的动作。由于准备姿势是整个动作的开始姿势，它的准确性和实用性必须是相互匹配的，因为这个动作是对方的攻击目标，所以一定要减少漏洞，不让对方有机可乘。在一场跆拳道比赛当中，队员在攻击前的预备、动作运行当中对于站姿的控制、单项技能完成后站姿的掌控等都会对战术效果产生很大的影响。在比赛中，运动员通常是根据对方姿势的方向，双方距离的长度，站位的角度，身体重心方向和身体姿势，闭势和开势的相互转换，来调整自身的姿势。在跆拳道运动中，无论采用何种动作姿态都会受到对手的攻击和反击，所以，这就需要运动员拥有良好的反应能力、动作运用能力和条件反射能力。运动员在运用技术动作之前，都需要以改变预备姿势状态到发出进攻动作之前的各种活动方式作为铺垫。只有这样才能够合理地攻击对方的得分部位让自己得到分数，比如，正确地掌控运动员转变准备姿势的同时形成的虚弱环节，也就是所谓的时间差。根据不一样的时机选择相生相克的进攻动作；抓住对方的姿势状态瞬间出现的不能发出反击动作的有利时机；做出的动作一定要准确速度，还要保护自己的要害部位不被攻击，然后攻击对方不容易防卫和反击的要害部位。因此，要想使发出的技术动作获得最大的效果，必须选择正确的预备姿势。

（三）假动作

伴随着跆拳道运动的发展，其竞技水平也在不断地提高。在比赛中，运动员之间比赛对抗逐渐呈现出多元化结构的趋势，水平越高的运动员其综合能力也越强。在跆拳道运动中，运动员水平的高低也可以通过运动中假动作的运用反映出来。运动员在比赛中运用假动作蒙蔽对手，使对手无法知道自己的真实意图，让对手根据自己的假动作做出错误的动作，从而为自己创造机会。

在我国，有很多专家或学者对跆拳道的假动作做了系统的分析和研究，例如，刘少辉的《试论跆拳道假动作的技术特点及其运用》中把假动作分为身体假动作、步法假动作、前腿假动作、后腿假动作、表情以及眼神假动作，并对这些假动作以及假动作的战术分别进行了分析，指出假动作战术即是佯攻战术，同时还将假动作分为进攻假动作、反击假动作及防御破绽假动作三类。吴锵在《假动作在跆拳道比赛中运用的调查与分析》中，通过对2005年全国大学生跆拳道锦标赛中的多场比赛进行分析，得出"用假动作加以掩护的进攻技术成功率大于直接进攻技术的成功率"。

从以上所列举的文献中可知，在跆拳道运动训练和比赛中，假动作的训练是必不可少的，所有的假动作战术的目的都是利用巧妙的假动作让自己的真实目的隐藏起来。误导对手，使对手产生错误的判断，从而给自己创造更多进攻的机会，最终把握比赛的主动。提高运动员高质量灵活运用假动作的能力，能够有效地提高运动员获得比赛胜利的概率。需要注意的是，假动作是灵活多变的，因此，在比赛中运用假动作时，应当对比赛场地和对手的身心状况做出准确的判断，敏捷地使用合理有效的假动作，然后和战术联合起来迷惑对方，这样才能做到亦假亦真，让对手无从判断，在行动上和心理上让对手形成无形的强大压力。在运用假动作的过程中，动作技术转换和战术意识的空间转换也属于一个关键因素，适时掌握战机，给予对手强有力的击打。所以，运动员必须要全面掌握并熟练运用假动作，要根据比赛对手的情况灵活地选用假动作，随机应变，只有这样才能获得比赛的主动权，最终获得比赛的胜利。

（四）距离

距离指的是事物在时间和空间上拥有的相关距离，也代表两者之间的距离。跆拳道比赛当中，距离指的是比赛和对战当中和对手之间相互击打的远近，这里主要指的是腿击打的远近。

跆拳道的实战距离可以划分为远、中、近三种不同长度的实战距离，在竞赛当中，距离的不同，采用的战法也不一样。中间的变化比较灵活，当然，双方的距离并不是一成不变的，可以通过步法来进行调整。在跆拳道比赛中，有效地控制与对方之间的距离有助于战术的实施和实现有效击打。在日常的训练中，应对运动员的距离远近有针对性地锻炼，要和对战当中以及比赛当中出现的多项情况相互联结，让运动员完整掌控击打时机的选择。由于距离时刻处在变化之中，因此，在训练时要结合实战或比赛时出现的各种情况，善于用步法来衔接与调控。例如，在不同的实战和训练当中，要用竞赛的方式，不停地分析对手和自己的远近距离，然后对自己的实际对战距离做出调整，以此来获得最好的击打成果。跆拳道比赛进行的过程当中，要正确分析对手的击打状况，依据对手的不同身高、不同速度、不同习惯以及不同的距离远近，做出有针对性的、和动作相匹配的决策。比如，击打的同时，对方会往后退，然后再进行反击。对此，我们在进行攻击之前就要充分考虑对手后撤的距离，将踢击目标的距离预估出来，只有这样才能踢中对手。

在培养距离感时，应注意以下三个方面。

（1）所选择的步法要符合自身的特点。

（2）在锻炼和比赛当中，维持和对方的击打距离，让自己一直占据有利的击打方位。

（3）尝试和开发不同距离的击打方式，让自己可以在不同的情况下向对手发动攻击。

运动员在经过反复的训练之后，其对距离的把握能力以及对技术的灵活运用能力都会得到一定程度的提高，在实战或比赛时也会具有较高的命中率。在跆拳道比赛中，掌控了攻击的距离就掌控了比赛的大半，所以，在平时的跆拳道训练当中，一定要特别加强对于距离感的锻炼。

（五）动作速度

速度的快慢反映了动作的快慢。在搏击类运动中，动作速度非常重要，在跆拳道运动中也是如此。只有通过足够快的动作速度才能躲避对手的攻击，寻找对手的破绽，把握机会，取得优势。速度与心理的综合体现用"动如狡兔，静如处子"来形容最为贴切。加快速度，可以有效地增强技能，提升战斗成果，拓宽战术内容。还能够让运动员掌握以弱打强，以短制高的战术习惯。速度训练内容有很多，包括加快反应速度、加快动作速度、加快位移速度等。

（六）跆拳道有效进攻的要素

跆拳道比赛过程中，技术、心理等因素都会对运动员的有效进攻产生影响。由于比赛的情况是瞬息万变的，因此，运动员在实施攻击前必须考虑进攻的方式以及进攻的部位。在跆拳道运动中，其每一个技术动作都能够用来进攻，但同时也能够被对手反击，所以，在比赛中掌握好攻击姿势，做好攻击基础，是取得良好进攻的基础。在攻击的同时，运动员需要严谨考虑什么时候攻击，使用什么技术动作，以及攻击什么部位。

1. 选择时机

跆拳道竞赛过程中，合适的击打时间可以让运动员更好地赢得比赛，运动员利用对方的身心状态,抓捕对方的虚弱点,进行攻击。也就是说,跆拳道运动的比赛过程,就是一个找时间、创造时间、掌控时间的过程。

在比赛过程当中,时机的出现时间非常的短暂,其是随着姿势状态的不断变化而出现的。在比赛中,运动员理性地认识并思考为什么能够击中、不能击中或者被反击的客观现象,只有这样才能达到每击必中的攻击效果。找到合适时机的基础原则就是避实就虚。在比赛过程当中,运动员需要通过对方不同的运动状况找寻不同的攻击时机,比如,对手身体重心的落点不平衡,对手位移时距离上的失误,进攻对方不易防守或反击的薄弱部位,避开对方攻击技术再实施攻击动作等。

"诱导与效应"是人体中存在的一种生理现象。在比赛中,运动员可以利用这一生理现象,有意识地利用各种动作来掩盖自己的真实意图,使对手产生错误的判断,为自己创造时机,并选择有针对性的动作技术进攻,以取得主动权。

2. 选择技术动作

"选择技术动作,是指时机出现以后针对性地采用某一种相对合理、效果最佳的进攻或反击方法。"在跆拳道运动中,任何一个技术动作都能够进攻,也都能够被反击,但需要注意的是,每一个动作都有其特定的反击方式,也就是说,并不是任何动作都能反击其他动作。

在跆拳道运动中,运动员要对不同进攻或反击动作之间、不同进攻或反击动作与不同姿势状态变化之间相生相克的对应关系有一个充分的认识,这有助于提高其选择进攻或反击的动作能力。由于跆拳道比赛是无序的,因此在什么时间出现什么样的姿态、发出什么样的动作并不是固定的,所以在比赛中,运动员就要根据对方动作变化的情形,有针对性地选择应对动作。运动员选择战机、选择动作越准确,动作与动作之间相克的对应关系越合理,那么其技能水平就越高。运动员只有通过平时训练储备的完善和熟练才能在比赛中准确地选择应对动作。当时机来临时,能够快速地选择应对的策略。由于战机是转瞬即逝的,因此,在具体的训练过程中,应有意识地对运动员选择战机、选择技术动作的能力进行培养。

3. 选择攻击部位

选择攻击部位是指进攻或反击动作发出后,击打对方身体的具体位置。

在跆拳道运动中,对手的头部、身体躯干有护具的部位都是有效的得分部位。在激烈的比赛中,仅通过动作击中对手得分是很困难的,这是因为,能否击中对手并产生得分除了受战机和进攻或反击动作的影响外,还会受到动作的高度、方向、角度等因素的影响。在比赛过程中，相对选择时机和选择动作来说，选择攻击部位要简单得多，而击中得分与不得分与攻击部位的选择也有着一定的关系。

第四节　防守技术

进攻与防守是矛盾的，也是相生相克的，但都是跆拳道技术中不可缺少的技术组成。一名高水平的跆拳道运动员除了要掌握娴熟的进攻技术外，还要熟练掌握防守技术。建立稳固有效的防守意识，化解对手的进攻，从而在防守的基础上反击对方，达到战胜对方的目的。

防守技术是跆拳道技术体系中一类重要的技术，其与进攻技术有着同等重要的地位。在跆拳道比赛中，要想使自身的胜算更大，应当在保证自身得分的同时使对方的进攻无效，并能抓住机会再次得分。因此，在练习进攻技术的同时，还应重视防守技术的学习。防守技术主要分为两类，即接触式防守和非接触式防守。

一、接触式防守

在竞技跆拳道比赛中不允许使用抓、推、抢、摔、夹等方法防守，但可以利用手臂或手刀去格挡。格挡技术按其方向可分为向上格挡、向下格挡、侧格挡和阻挡四种。另外，截击防守也是接触式防守中的上乘技术。

（一）上格挡

利用手臂或手刀自下向上的格挡动作称为上格挡。

动作方法：实战姿势站立；右（左）手握拳，手臂沿身体正中线向上迅速上格挡，格挡时前臂与地面平行，格挡的位置应在头部的正上方；格挡时前臂内旋，以尺骨外侧阻挡对手的攻击腿。

动作要点：判断对手进攻要准确，上格要迅速有力。

易犯错误：格挡时手臂距离头部太近，造成防守效果不好。

纠正方法：上格时，手臂应完全保护住自己的头部，以尺骨外侧接触对方的攻击腿。

实战作用：向上格挡在竞技跆拳道比赛中，主要用于防守对方劈踢的进攻。

（二）下格挡

利用手臂或手刀自上向下的格挡动作称为向下格挡。

动作方法：实战姿势站立，身体重心向前移动，用前臂向下或向斜外侧格挡对方的攻击。

动作要点：应以前臂尺骨外侧接触对方的攻击腿。

易犯错误：格挡动作幅度太大。

纠正方法：格挡时要善于化解对手的力量，动作幅度不宜过大。

实战作用：向下格挡，主要用于防守对方使用前踢或横踢攻击我方腹部或肋部。

（三）侧格挡

利用手臂或手刀向左或向右的格挡动作称之为侧格挡。

动作方法：实战姿势站立，用前臂向左或向右格挡对方的攻击。

动作要点：侧格挡动作要迅速果断，用前臂的尺骨或桡骨外侧格挡对方的攻击腿。

易犯错误：向外格挡的动作幅度太大，容易给对方造成反击的机会。

纠正方法：可两人一组反复练习，也可以面向镜子，由慢到快进行练习。练习过程中反复体会动作原理，正确把握格挡的时机和部位，直到熟练为止。

实战作用：向左右侧格挡技术在跆拳道比赛中运用较多。比赛中，对手沿水平方向进攻，自己的拳和腿都可以用侧格挡的方法进行防守。

（四）阻挡防守

阻挡防守是把手臂贴放在自己的得分部位，来降低对方的打击力度，令对方难以得分。

动作方法：实战姿势站立，用手臂贴放在自己的得分部位上。

动作要点：阻挡防守时，手臂与身体不宜贴得太紧，距离也不宜太大。

易犯错误：防守时机把握得不对，防守效果差。

纠正方法：注意判断对手的攻击意图，及时地做出反应。

实战作用：用于防守对方对躯干部位的进攻。

（五）截击防守

截击防守是指利用进攻技术阻截或破坏对手的进攻，从而达到防守的目的。截击防守是竞技跆拳道比赛中运用较多的防守方法，也是比较上乘的防守技术。截击防守是接触式防守的完善和提高。

动作方法：①对方使用双飞踢进攻我方，我方在准确判断对方动作意图的前提下，以侧踢后发先至，以攻代防阻截对方；②对方使用下劈踢进攻我方时，我方在准确判断对方动作意图的前提下，运用勾踢以攻代防。

动作要点：在竞技比赛中，要利用规则允许的技术动作进行以攻代防和反击，另外，防守和反击时要准确把握时机。

二、非接触式防守

非接触式防守是利用步法或身法的移动，来改变双方之间的距离和角度，使对方进攻动作不能有效地接触到目标。非接触式防守可以分为利用距离防守和利用角度防守两种。

（一）利用距离防守

利用距离防守可以包括两种形式：一是利用步法拉大与对方的距离，使自身退出对方的有效攻击范围；二是利用步法缩短距离贴近对方，造成对方攻击的力点因超越目标而失去作用。举例如下：

（1）利用步法拉大与对方的距离。实战中对方运用横踢进攻我方腹部时，我方迅速向后跃步远离对方，造成对方的横踢落空。

（2）利用步法缩短与对方的距离。实战中对方运用横踢进攻我方腹部时，我方迅速向前上步，使对方踝关节的力点超越允许的攻击部位，失去作用。

（二）利用角度防守

利用角度防守是指通过调整与对方的相对角度来进行防守的方法。即通过步法向左、向右、向前、向后移动，改变与对方的位置角度，使对方在原来位置上的进攻失去意义，从而达到防守的目的。当移动到有利于反击的位置时，可以进行有效的反击，举例如下：

（1）比赛中对方利用劈踢进攻我方头部或肩部，我方向右（或左）移动，使对方的进攻落空。

（2）对方利用后踢进攻我方腹部或胸部时，我方向左或右移动，使对方的进攻动作落空。

（3）对方用横踢进攻时，我方向左（右）前方上步，使对方的进攻动作落空。实战中对方使用的直线或弧线型的腿法攻击，都可以用此方法防守。利用角度防守不但效果好，而且很容易给自己创造最佳的战机。

第五节 防守反击技术

防守反击是跆拳道比赛中比较常用的技法之一，也是实战中必备的技能。防守反击技术组合包括直接进行反击和间接进行反击两种。在熟练掌握基本技术的前提下，练好防守反击的关键是意识的培养和时机的把握。如果脱离了"时机"和"意识"，就会出现防守不能反击或反击不能防守的问题。

一、后滑步：横踢反击

双方闭式站立；对方以前腿横踢进攻我方，我方向后滑步防守；同时，以反击横踢进攻对方的肋部。

动作要点：后滑步与反击横踢衔接要快。

二、撤步：旋风踢反击

实战中对方以横踢进攻我方；我方以右腿为轴，向后撤步防守；随即以旋风踢反击对方。

动作要点：时机把握要准确，撤步与旋风踢反击衔接要一气呵成。

三、上步假动作：高横踢反击

双方对峙，我方突然上步，以假动作佯攻对方；此时，对方运用右腿横踢进攻我方腹部，待对方出腿瞬间我方以右腿横踢后发先至，抢占空间反击对方的头部。

动作要点：假动作要逼真；高横踢击头要准确有力。

四、换步假动作：后旋踢反击

双方闭式站立；我方突然换步，以假动作佯攻对方；待对方运用下劈踢或横踢进攻时，我方以后旋踢反击对方头部。

动作要点：假动作佯攻时，要注意对方的反应，后旋踢反击要准确、迅速。

五、前腿横踢进攻：下劈踢反击

我方以前腿横踢进攻对方；待对方横踢反击时，我方突然运用下劈踢反击对方的头部。

动作要点：下劈反击时要把握好时机，应在对方反击腿起动时出腿，并且要抢先击中对方。

六、下格防守：双飞踢反击

对方运用前腿横踢进攻我方，我方运用下格挡防守；待其进攻腿即将落地的瞬间，我方运用双飞踢反击对方。

动作要点：防守要到位，双飞踢反击要把握好时机。

第六节 攻防技术组合

一、练习方法

运动员可独自进行空击练习，也可在同伴或教练员的帮助下使用脚靶、沙包或护具练习，练习时左右腿交替进行。

二、练习目的及要求

（1）练习目的。培养进攻反击技术的组合能力，建立攻防意识。
（2）练习要求。动作衔接要快，两人对练或利用脚靶、护具练习时要保持适当的距离（一般以实战的距离为佳），不要距脚靶、护具过近或过远，每项内容6~8次为一组，多组重复。

三、动作要点

（1）防守要到位，双飞踢反击要把握好时机。
（2）前腿横踢进攻—后跃步—横踢反击。
（3）前腿下劈踢进攻—后跃步—前腿横踢。
（4）前腿双飞踢进攻—后踢反击。
（5）前腿高横踢进攻头部—前腿侧踢截击。
（6）前腿横踢进攻—后跃步—前腿高横踢组合。
（7）前腿横踢进攻—后跃步—后腿下劈反击。
（8）前腿侧踢进攻—跳步前下劈进攻。
（9）前腿横踢进攻—前进攻。
（10）前腿横踢进攻—换步—后旋踢反击。
（11）前腿下劈反击—后腿双飞踢进攻。
（12）前腿推踢进攻—后下劈进攻—后踢反击。
（13）前腿横踢进攻—后旋踢反击。
（14）后跃步—前腿横踢反击—旋风踢反击。
（15）后腿横踢进攻—旋风踢进攻—后旋踢进攻。
（16）后腿双飞踢进攻—侧移步—前腿双飞踢反击。
（17）后腿高横踢进攻—前腿横踢进攻—后跃步横踢反击。
（18）后腿双飞踢进攻—后跃步—前腿下劈踢反击。
（19）后腿横踢进攻—后踢进攻。
（20）跳换步后腿横踢反击—后旋踢反击。
（21）后旋踢反击—后旋踢进攻—旋风踢进攻。
（22）后腿下劈踢进攻—后跃步—后踢反击。

（23）后腿高横踢进攻—后跃步后踢反击。

（24）上步假动作—后踢反击。

（25）跳换步假动作—后腿横踢进攻—前腿双飞踢进攻。

（26）原地假动作佯攻—前腿横踢进攻—前腿劈踢进攻。

（27）上步假动作—后下劈进攻—双飞踢反击。

第七节　实战技术要素

实战技术要素是跆拳道比赛实战中有效击打对手、防御对手进攻和进行防守反击的基础。一切攻防技战术只有具备了实战技术要素，才能在实际比赛中得到充分发挥并运用自如，也才谈得上技战术的实效性。

一、视觉

在比赛中，视觉具有十分重要的意义，一切技战术的运用都离不开我们的双眼。观察、测距、判断、进攻、防守、反击等一切与比赛实战有关的信息，首先通过视觉传达到大脑，然后才能有行为反应。中国武术有曰："眼观六路""眼明手快""破敌全凭一双眼"等形象地说明了视觉在比赛中的重要作用。对手的眼神、进攻的前兆、起动、落点、假动作等，都依靠锐利的眼睛来捕捉，经大脑的分析、判断做出相应的反应；比赛中利用眼神诱惑对手，"看上打下、看下打上、视左击右、视右击左"，使对手对自己的真实意图捉摸不定，无从揣测突然攻击，使技战术动作具备了较高的隐蔽性和突发性。我们要善于利用眼睛，随时调整身体重心平衡，在完成旋转动作时要结合头部的转动快速地第二次看到对手，通过这种方法促进身体快速旋转。在比赛对抗中切记：你的双眼要时刻盯紧对手！绝不放过任何一个机会也绝不给对手任何可乘之机！坚持长期系统地视觉训练，就能使自己在比赛中真正做到"秋毫不放，洞察如透"。

二、身体重心

在比赛中，身体重心应始终保持在两脚支撑面之内或支撑脚的投影内（除必要的动作需要外）。身体重心平稳，进退就掌握了主动权，不易给对手造成进攻与反击的机会，有利于自己的快速移动与进攻防守。"步不稳则拳乱"，试想，一个步法凌乱不稳、身体东倒西歪的人，如何在比赛中组织进攻与反击，又如何去防御对手的攻击呢？移动或对峙中重心落在何处，要根据动作需要和临场的情势需要而定。如向前攻击，身体重心的趋势就应向前平推，保持攻击的态势始终向前；后撤反击，重心应落在前腿上以利于后腿反击；进攻后转入防守，如果贴靠对手就应重心前移，如果后撤拉开距离则应将重心预留置后，收腿后落撤出等。步法是移动、调整和维持身体重心平稳、保持最佳攻防状态的根本，而其稳定性就成为维持身体重心平稳的关键。因此，在训练中应加强步法移动稳定性的练习，随心所欲地掌控自身的重心平稳，以适应不同技战术动作的需要；善于利用步法抢占有利位置，为进攻、反击和防守创造最佳距离，真正做到进可攻退可守。

在比赛中，要尽可能地使身体重心处于一条直线上（与对手的两点成一线），切忌左摇右晃。身体重心在空间位置上有3种形式，即前、中、后，其选择随比赛情势的变化而有所不同，取决于后续动作的形式与击打后的落点。在完成击打后，首先身体重心的选择要依据后续动作的需要而有所不同，当后续动作为继续进攻时，身体重心留中，此时击打腿的落点居中以利攻击；当后续动作转为防守时，有两种选择：一是身体重心随击打动作前移，此时击打腿的落点靠前，形成贴靠；二是身体重心在完成击打动作时预留置后，此时击打腿的落点收回靠近支撑腿，与对手分开，完成防守。

三、距离感

在实战中自己与对手远近的正确测量就是距离感。距离感与中枢神经系统的灵活性、视觉的敏锐判断力、技术的娴熟及战术的运用相联系。在比赛中应与对手保持有效距离，这种有效距离既有利于自己的进攻，又有利于防守与反击。正确测量距离的远近，对击打力量的大小、攻防技术的运用，都具有决定性的作用。距离太近，无法使击打力量得到充分发挥，也易给对手可乘之机而造成对手的抢攻、迎击等；距离太远，则易使进攻落空或击打力量减弱。正确的距离感，需要长期系统地训练培养，在比赛中逐步提高。轻巧灵活的步法，是控制适当距离的外在体现，比赛中应以较小的步幅来接近对手，采用不同的移动节奏与方向来引诱对手随之移动，适时调整距离，寻求最佳进攻时机。切忌大步逼近对手，同时要加强防守意识，以防对手的突然袭击。比赛中距离的选择与将要采取的攻、防、反3种形式相关，与完成一个动作后的后续动作有关，是通过步法、身体重心的预留、击打腿的落点来实现的。比赛是一个不断移动的过程，各种情况瞬息万变，只有依靠灵活敏捷的步法随时调整与对手的距离，才能确保技战术实效性的充分发挥。

四、时机

掌握最佳攻击时机，是充分发挥技战术水平、取得预期攻击效果的前提条件和首要保证。在瞬息万变的比赛中，具备再好的技战术动作，如果不能抓住稍纵即逝的时机，也无法取得良好的攻击效果。"一日纵敌，数世之患"（语出《左传·僖公三十三年》），失掉攻击时机，意味着失去得分取胜的机会并丧失比赛的主动权，使自己处于被动地位而受控于对手，这一点在防守反击中尤为重要。

掌握最佳攻击时机是跆拳道技术训练极其重要的组成部分。最佳攻击时机表现在以下4个方面。

（1）当对手准备攻击时，他的注意力完全集中在将要进行的攻击上，防守意识相对减弱，此时出其不意地攻击就会取得良好的效果，其本质是运用进攻代替防守从而破坏对手的进攻，完全打乱对手的攻击意图与策略，这就是抢攻。

（2）当对手身体重心遭到破坏来不及调整时，或拳打，或脚踢，运用一连串组合动作的进攻加速对手身体重心的破坏。重心的丧失，意味着无法改变正在运行中的动作的方向、轨迹、速度等动作要素而受控于对手，可以想象，一个失掉重心的选手除了"挨打"，还能做什么？

（3）在对手连续进攻间，必定存在一定的间歇，这个间歇就是反击的时机。在我国明代程冲斗所著《耕余剩技》中曾写道："乘其进而攻之，或随其退而击之，旧力略过，新力未生之前击之"。"旧力略过，新力未生"这8个字，是说前一个动作刚结束，后一个动作启动前（两动之间的间隔），这个短暂的间隔就是最佳的攻击时机。在比赛中我们可以在对手出腿攻击后收腿的同时，迅速跟进进行反击。因为此时对手不易转换动作进行有效的防守或进攻。

（4）比赛实战中双方注意力高度集中，使用单一的假动作迷惑对手使其上当的可能性较小，只有一连串的假动作才能引起对手的关注与重视。在这一连串的假动作中，他必定存在着思考和犹豫，此时出其不意地果断攻击，能打乱对手的技战术意图，取得意想不到的攻击效果，扭转比赛情势，掌握比赛的主动权，比赛中双方运动变化频繁，有运动必有破绽，我们不能等待时机，而要善于在运动中主动寻找时机，利用一切可以利用的条件主动创造时机，可利用身体或步法的假动作来调动对手，制造对手暴露破绽的机会，抓住时机，快速反击。同时要尽量减少自己身体的暴露面，隐蔽弱点与破绽，真正做到《孙子兵法》上所说的"形人而我无形"，在运用上做到"有洞无洞，全在自用"。

五、判断

判断是通过预测对手将要采用的技战术意图而确定自己技战术的能力。判断的正确与否，直接关系到技战术的运用发挥，特别是在防守反击中，正确的判断是保证反击实效性的关键所在；它能够使自己在实战中洞察先机，预先防范，掌握主动，快速反击，同时也易于控制对手，使之一切行动意图尽在自己的掌控中而无计可施，陷于被动。自己则可以将技战术充分发挥并随心所欲地运用，达到"防中有攻、以攻代防、以攻破攻"的目的。

比赛中判断的基本程序如下。

（1）对手将要采用何种攻防技术动作（识别其真假）。

（2）完成此动作后其身体所呈现的姿势、方向、角度、落点及相关站位（身体所暴露出的空隙）。

（3）距离的远近。

（4）所需时间的长短（动作速度与速率）。

根据判断，迅速果断地予以反击。

正确的判断来自对对手实际情况的真实了解（对手的技战术特点与风格、擅长的攻防反击技战术和假动作的运用规律、攻防动作在运行过程中的习惯、动作启动前的先兆等）；丰富的比赛实战经验，更为重要的是透过现象看本质，不为假象所迷惑；根据临场比赛中的具体情况灵活掌控，视情况迅速变化。拳谚曰："引则动，动则隙，隙则击。"形象地说明了在比赛实战中要善于利用正确的判断来制订战术计划，运用假动作（身体、步法、拳腿、眼神等）调动对手，或有意露出破绽，引诱对手使用某一技战术动作，使其落入预设的圈套中，"出其不意，攻其不备"，以快速的击打破坏其技战术的攻击意图，达到"制人而不制于人"的目的。

六、速度

速度是人体快速运动的一种能力，是保证运动员在短时间内完成动作的综合性机能能力。在跆拳道运动中，速度包含攻击的动作速度、对临场情势的反应速度及移动中的位移速度。从这3个方面可以判断一个运动员技术水平的高低和训练程度。兵书上说"兵贵神速"，拳理上讲"拳似流星眼似电""箭来不易躲，因其疾；拳来不易防，因其快"。任何一个攻击动作，其实效性取决于一个"快"字，在实战比赛中，攻击动作如能打出"快"的特点，则使对手感到防不胜防。一连串快速的组合击打，能使对手来不及组织防守就已被击中，达到"出手不见手，拳打人不知"的境界。防守时，抓住对手瞬间的空隙，快速组织反击，破坏对手攻势，变被动为主动。位移速度着重体现在步法的移动上，它对距离的控制、闪躲、防守和抢占有利位置等都有着其重要作用。步法移动快，使对手无法获得有效的攻击距离而无从进攻与反击；步法移动快，易于抢得先机，使自己掌握比赛的主动权而攻防有度。在紧张激烈瞬息万变的比赛中，反应速度的快慢是影响进攻与反击动作速度的主要因素，迅速的反应能加快反击动作的完成，提高攻击动作的实际效果。

比赛实战中，动作速度、反应速度和位移速度都是综合表现出来的。速度的快慢除与神经运动机制活动的高效率和快速调动运动功能因素的能力有关外，从技术角度讲，它是建立在技战术的娴熟程度之上，并受其他因素诸如步法、距离、判断等的制约，需要长期系统地训练培养，只有将这几方面最大限度地有机结合起来，一切从比赛实战出发，贯穿于整个训练过程，才能使速度能力达到尽可能完善的程度。

七、击打力量

击打力量的大小是决定攻击技术动作的实效性标志之一。击打力量大可给对手造成心理上的威慑和身体上的重创，从气势上压倒对手，使其不敢轻易进攻或近身逼打。一个重击，往往可以改变比赛双方的优劣态势。"一力降十会""一腿千钧力，一足定乾坤"，形象地说明了击打力量在比赛中的重要性。在比赛实战中，击打得分必须满足两个条件，一是击打部位准确（规则允许击打的部位）；二是具有一定的力度，保证"清晰有效"，使对手产生一定位移或被击打的效果。击打力量主要表现在力量、力点、合力、作用力、反作用力等诸多方面，与人体运动生物力学有关，是一个人体系统内诸多力学因素相互作用的结果。它们主要反映击打所表现出来的实际效果。在比赛中，没有一个客观的标准来衡量击打力量的大小，只有通过击打效果来判断是否符合得分或满足"KO"的要求。所有得分或"KO"的动作都依赖于力量的支撑。它与运动员本身所具备的身体机能水平状态密切相关，同时与攻击动作的质量有关，表现为：动作的结构、环节、细节越合理力量越大；参与完成动作的主动肌、协同肌越多力量越大；参与工作的各肌肉间的协调性越高力量越大（肌肉的收缩与放松的关系）；动作的兴奋点越集中力量越大（注意力的高度集中与否）；动作速度越快力量越大；完成动作的自动化程度越高力量越大等。

击打力量的大小还取决于身体运动速度、拳腿的击打速度和准确适当的距离。跆拳道运动的击打力量仅仅依靠臂、腿的运动速度是不够的，可以认为，臂、腿只是传递力量的一个环节，更为重要的是全身的协调一致，完整发力。有道是"一动无有不动""上下四肢四张弓，全随腰背大弓劲""腰劲贯于手足，力气大如铁牛"，这些理论充分阐明，任何一个动作的发力，都是通过腰的作用点而贯于四肢的。因此，跆拳道运动的正确发力方法应是蹬地、拧腰、转髋、顺肩，结合身体的运动速度，准确的距离判断，全身协调配合，连贯一致，一气呵成。在整个发力过程中表现出的是一个完整的"合力"。

八、应变能力

应变能力是运动员在比赛过程中迅速改变技战术结构以适应临场情势变化的能力，是运动员技战术水平、各种运动素质在比赛中的综合体现。拥有丰富娴熟的技战术动作储备和良好的比赛心理素质是应变能力的基础，而快速的反应则是应变能力得以充分体现的先决条件。

比赛中拼搏激烈，节奏快，变化多，动作间的转换在刹那间完成，没有时间来考虑应急的对策与方法，完全依赖于运动员在长期训练中形成的技战术组合动作的动力定型和快速的反应，针对临场情势，将技战术动作在瞬间依照顺序以连锁反应的自动化形式充分表现出来。

比赛中，当自己处于主动优势时，为了更有效地击打对手，扩大战果，取得比赛胜利，需要运用各种不同的、灵活多变的技战术动作，使对手捉摸不定，加强和提高攻击的隐蔽性和实效性。这是因为单一无变化的技战术动作的频繁使用，会使对手了解自己的攻防意图与运用规律，给对手反击的机会而失掉主动权。当自己处于被动劣势时，如不及时视情势调整，改变技战术运用的方式方法，则无法摆脱对手的攻击而受制于对手，直至失去取得比赛胜利的机会。此时应保持冷静，防重于攻，稳住阵脚，伺机而动，抓住对手攻击时瞬间暴露的防守空隙和薄弱环节，迅速果断地反击，扭转比赛情势。应变能力是比赛实战技术要素的核心，是检验运动员竞技状态的标志，客观地反映了运动员技战术和各种运动素质的训练水平。一个人拥有了高水平的技战术技能，并不意味着他将是主宰比赛的强者，只有具备良好的应变能力，才能在比赛中掌握主动，控制对手，充分施展自己的技战术水平，最终取得比赛的胜利。

第五章 跆拳道战术教学与心理训练

竞技跆拳道是奥运会正式比赛项目,被世人称为"世界第一搏击运动"。竞技跆拳道的各类战术相生相克,每个进攻方法都有相应的反攻方法,相互矛盾、相互克制。跆拳道比赛过程中情况复杂,而面对的选手也是多种多样,这就要求跆拳道运动员要拥有随机应变的能力和出奇制胜的技巧。

第一节 跆拳道战术与训练方法

一、跆拳道战术概论

(一)何谓跆拳道战术

战略、战术二词,原为军事用语,战略的含义是指导战争全局的筹划和策略。战术的含义是进行具体战斗的原则和方法。战术是一种方法,什么方法呢?即综合运用技术、心理和身体素质的方法,运用此方法的目的是争取比赛的胜利。

第一,战术与技术是相辅相成的,技术是战术的基础,战术是技术的发展,技术和战术是一个不可分割的整体。只有熟练地掌握跆拳道的各种基本技术,才能灵活地运用各种战术,做到"制人而不制于人"。

第二,只有掌握基本战术,才能逐渐向复合战术过渡,紧紧围绕跆拳道比赛进行训练,实现战术训练过程中的循序渐进。

(二)跆拳道比赛战术设计的基本原则

跆拳道是智慧型的格斗项目,战术设计和训练是高水平跆拳道训练的核心内容。战术的运用对夺取跆拳道比赛的胜利有着重要的作用,而比赛中设计制订合理的战术是实现战术运用的前提条件。通常情况下设计合理的战术要遵循以下两个原则。

1. 设计战术要灵活多变

跆拳道比赛激烈精彩，形式多样，比赛时假设只使用少数或是单一的战术，一旦被对方掌握到了运动规律，就会让自己陷入被动的困境。所以，战术研究的同时，要多考虑不同的战术方式和战术之间的互相关联。使用多种战术，最大范围地展现不一样的攻击角度和攻击部位。通过比赛的时间、空间、方向和位置设计选择不一样的战术形式，战术不但可以转变自如还需要展现出战术的关键性和实用性。

2. 设计战术要有针对性

中国古代的《孙子谋攻》中说："知己知彼，百战不殆。"即在战争中只有了解敌我双方的真实情况，才能够百战百胜。知彼知己，是军事家确定作战方案的先决条件。在竞技体育比赛中，了解对方的实际情况，再针对其设计合理的战术是取胜的关键。那么从哪几个方面来掌握对方的真实状况呢？切实掌握对方的真实状况需要从以下5个方面着手。

（1）专业技能：要对对方在竞赛中的优缺点了如指掌，利用合适的技能进行反击。

（2）身体素质条件：对方的身体素质如何，专项素质如何，优缺点是什么，这些都是制订战术的条件。如了解到对方耐力素质不好，可在比赛中设计体力战术，消耗对方的体力，以达到制胜的目的。

（3）攻防类型：了解对方是主动进攻型还是以防守反击为主要内容的攻防形式。对方也可能是攻守兼备的对手，能力水平很高，无论哪种对手，都需要制订相应的反击战术。

（4）比赛动态类型：了解对方属于技术型打法还是力量型打法，根据具体情况规划出相应的反击战术，用我方的优点击打对方的缺点，以此来获得对战的胜利。

（5）临场心理素质：有的运动员虽技能好，可是心理承受能力很弱，一旦碰到严厉抗击，就会心慌害怕，心理承受不了，从而影响战术的决定和技能的发挥，最后致使比赛失败。有的运动员心理强大，不怕失败，不怕强劲对手，临场反应迅速，场上心理素质良好，可以积极面对，这样才能展现自己的长处，赢得比赛的胜利。了解这些情况后制订相应的战术，做到"知己知彼，百战不殆"就不难了。

(三)跆拳道战术形式

战术是一种根据对手的情况采取相应措施的策略,战术的运用有利于使自身更好地占据比赛的主动权。

在跆拳道比赛中,要想占据比赛的主动权,前提就是善于运用战术,因此,掌握跆拳道运动的基本战术形式并能合理地进行运用具有十分重要的意义。

所谓战术形式,就是指为了一定的战术目的,通过多种动作组成的详细方法。竞技跆拳道比赛中的战术多达数十种,经常运用的战术形式大致如下。

1. 进攻战术

先发制人是进攻战术的最好诠释。跆拳道的进攻战术有直接攻击、压迫式强攻、引诱式进攻和连续攻击。

(1)直接式进攻战术。这种战术指的是全面展现自己的技能优点,利用正确的技能,使用特长技能对对手进行直接攻击的方式。在运用这种战术前,运动员需要主动给自己创造可以使用擅长技能的环境,一旦创造出这样的环境,就毫不犹豫地进行攻击。此外,在运用直接式进攻战术时,出手的动作要迅速、突然,让对手始料不及。在通常情况下,在出现以下几种情形时,运用直接式进攻战术的效果较好。

①对手的攻防动作不熟练。
②对手的反应速度、动作速度减慢。
③对手的体力不支。
④对手的防卫姿势产生漏洞。
⑤和对手的距离正好可以运用攻打技能。

(2)压迫式强攻战术。这种战术指的就是强烈攻击,猛烈攻击。这种攻击是主动的,和直接进攻不一样的地方在于猛攻的方式是提前想好的,有规划、有预备的。也就是说,在知己知彼的前提下,在比赛前预先制订好的进攻计划。

这种战术属于有策划、有预备的状况下使用的主动攻击的战术。在比赛进行的同时,使用不同的攻击形式给对手进行强烈的攻击。给对手造成心理压力,打乱其预先部署,使其疲于防守,从而获得绝对的胜利,掌控比赛的决定权。利用这种战术可以有效取得比赛的自主权,使对手难以发动反攻,但其对运动员体力的耗费也非常快,自身的漏洞很容易就会展现出来,这样就会让对手乘虚而入。在通常情况下,在出现以下几种情形时,运用压迫式强攻战术能取得较好的效果。

①自身力量，动作速率，耐力素质都占上风，但是技能占下风。

②身体机能良好，技能良好，但是比赛经验落后于对手。

③对手的心理素质十分低下。

④对手的对战能力十分低下。

（3）引诱式进攻战术。随着跆拳道运动员技能不断增强，他们的对战技巧也相应得到了增强。当对手的动作速度非常迅速时，防守能力也非常强时，采取直接进攻的方式很难取得比赛的胜利。所以这时，有经验的运动员通常会使用假动作诱惑对手，让对手做出错误的判断。这样可以让对手改变原来对自己的攻击方式和对手的防卫方式，导致对手在面对运动员真实的动作时失去平衡，这时运动员抓住机会，用快于对手的速度进行攻击，这样就比较容易成功。

在跆拳道比赛中，引诱式进攻战术使用的频率很频繁，这种战术也是真假动作互换和联结的良好方式。其能够使假动作与真动作的结合发挥较好的效果。通过引诱，使对手产生错觉，难以准确地判断，进而实现进攻的目的。例如，在使用后旋踢攻击对方的头部时，可以首先利用前横踢迷惑对手，然后快速后退，当对手进行反击时，再使用后旋踢进行反击。跆拳道比赛过程当中，假动作、虚晃、欺骗、露出破绽等都是一些常用的引诱对手上当的手段。需要注意的是，引诱是为了进攻，因此，在引诱的同时要做好攻击对手破绽的准备，一旦对手上当，就要快速、敏捷、准确地实施击打。

通常情况下，不同方向不同角度的动作相互联合等引诱式进攻方式在跆拳道训练和比赛中运用较多，一些经验较丰富的选手也常采用"声东击西""指上打下"的战术，但不管是何种引诱式进攻战术，其目的都是一样的。

在通常情况下，在对手体力好，但技术不太全面，战术不灵活时，可以选用引诱式进攻战术。

2. 连击战术

连续两次或两次以上的攻击称为连击。连击可分为原地连击和移动连击，移动连击又包括向前追击对手的连击和边后退边攻击的连击。在运用连击战术时，只要抓住对手的破绽就要连续攻击，打乱对手的阵脚，让对手无暇还击。在通常情况下，在以下几种情形时，可运用连击战术。

（1）对手防守能力弱，步法移动不灵活时，可以多组织连续的攻击。

（2）自身体力充沛，对手体力较差时，可以充分使用连击战术，发挥自己的体力优势。

（3）对手的心理素质较差时，采用快速猛烈连击，扰乱和破坏对手的心理平衡、战术准备和距离感，令对手丧失斗志和信心。

（4）对手反击能力不强时，可以多使用连击战术。

（5）自己身体素质好，技术全面，但比赛经验不如对手。

（6）自己身体素质好，但技术不如对手。

（7）对手被击后愣神或发呆时，发动连击扩大战果。

3. 反击战术

如果对手从正面进行强势攻击时，需要我方使用合适的步法姿势，这样不但可以抵消对方的长处，还可以给自己带来战机，在对手攻击时，可以使用合适的反击战术反击对方。

在跆拳道比赛中，有进攻就会有反击，反击是在防守对手进攻的基础上，抓住其暴露的空隙和破绽，所进行的攻击。

（1）防守反击战术。假如对方通过正面形式向我方进行攻击，需要进行快速地转移来进行闪躲，同时在移动的过程中给自己制造战机。在主动进攻时，人身体的姿势必然会发生改变，就必定会产生一些防守漏洞和薄弱的地方，因此，在防守的同时或之后立即反击，对手很难防守。通常情况下，防守反击战术在对手性情急躁，缺乏比赛经验，喜欢猛打猛攻时能取得很好的效果。

这种战术指的是通过我方的长处击打对方的短处，在对方攻击时向对方进行反击。使用这种战术需要拥有一定的条件，如下两点。

①对方攻击的战术和对战姿势固定。

②对方脾气暴躁，没有比赛经验，爱好强烈攻击。使用这种战术时，需要以反击为主，攻击为辅的战术进行，通过主动攻击的方式将我方反击的目的隐藏起来，刺激对方，让对方脾气更暴躁，给反击战术创造机会。

（2）同时反击。同时反击是指在对手的进攻动作还没完成时，我方迅速进行攻击。在运用同时反击战术时，要求自身具有较高的技术水平。

（3）迎击战术。迎击战术是反击的最高形式，其是指在防守对手进攻的同时进行反击，也就是防守和攻击同时完成。只要把握时机，找好反击的点、线、面，就必然能达到反击的目的。

一般情况下，在以下5种情形时，可以运用迎击战术。

①对手的动作预动大。

②对手的动作不连贯。

③对手进攻后防守意识差。
④对手性情急躁，缺乏比赛经验。
⑤对手不擅长攻防转换。

4. 制长战术

这种战术利用正确的动作和姿势将对方的特长战法压制下去，让对方没有办法展现自己的特长。任何一个运动员都具备独具特色的特长动作，如果专门抵制对方的特长动作，让对方没有办法使用特长动作，就会增加胜利机会。这样的战术方法主要有以下4种。

（1）克制善于用某种腿法的对手。

（2）克制善于主动进攻的对手。

（3）压制善于防守反击的对手。

（4）压制攻守皆优的对手。

5. 体力战术

跆拳道比赛需要耗费很多体力，使用体力战术的最终目标就是将体力分配得更平衡、更协调。针对每一局对手的情况来定夺自己的战术，尽量少的消耗体力。若对手的技能低下，可以维持自己的体能依靠技能取得胜利。如果对手的技能高超，就需要损耗对方的体能，耗费他的体力，从而让自己获得胜利。如果对方和自己的实力维持在一个水平，就需要进行一场时间长久的战斗。假如对方耐力素质低下，就要使用强烈猛攻的战术，不让对方有休息时间，让对方的体力快速消耗，达到最终的胜利。

这样的战术是依靠运动员的耐力和体力来获取胜利的。让对战中的对方耗费大量的体力，最终因为对方的体力不支取得胜利。如果对方具有以下4个情况，就可以使用这种战术。

（1）对方技能低下，但依然拥有一定的体力可以获胜。

（2）对方技能很好，需要依靠耗损对方体力获取胜利。

（3）两方水平一致，需要进行长时间的战斗。

（4）对方体能低下，可以持续耗损对手的体能，让对方没有休息时间，直至体能耗尽。

6. 心理战术

心理战术是利用规则允许的手段，如气势、情绪、动作、表情等干扰对手的思想情感，让对手失去耐心，失去信心，心慌意乱，直至无法正常发挥技能,通过这种方法战胜对方。在对手比赛经验不足、心理素质较差时,运用心理战术能获得很好的效果。同时,心理战术运用得当,也可以振奋自己,使自身超常发挥。常用的心理战术有以下7种。

(1)显示或夸大自己实力给对手造成心理压力,让对手望而生畏,产生惧怕心理。

(2)在赛前发布假情报,制造各种假象,让对手真假难辨,虚实难测。

(3)比赛前隐藏自己的实力。

(4)根据人的性格弱点采用有效的方法引导对手产生不正常状态,给自身创造更多机会。

(5)比赛之前使用面部表情,身体语言来压迫对手。

(6)降低对手信念,打击对手意志。

(7)比赛前不暴露自己的真实实力,让对手产生压力。跆拳道中很多的战术都是利用消磨对手的意志力,也就是通过心理战术来致使对手方寸大乱,让自己赢得比赛。

7. 规则战术

跆拳道比赛的进行是具有一定的规则的,必须遵守,但是这些规定有一些漏洞,可以从这些漏洞当中寻找机会,攻击对方,取得胜利。

规则战术是指在比赛中充分利用规则范围允许的手段,获得无形得分,形成比赛优势的策略。以下是4种常见的规则战术。

(1)KO取胜。运用特长技术或不常见招法,对对手的头部或躯干进行重击,使对手因体力不支退出比赛。在大比分落后对手的情况下,KO战术是一种赢得比赛胜利的有效方法,也是提前结束比赛的一个重要途径。

(2)使用有效手段和方法,迫使或诱使对手多次犯规,造成对手被扣4分而败。

(3)迫使对手被裁判员多次警告或扣分,使其产生心理压力而不能正常发挥。

(4)了解裁判员的特点和水平,在比赛中用相应的技战术获得更多利益形成优势。例如,裁判员对击头得分的尺度放宽时,要多创造机会攻击对手头部;裁判员强调后踢得分时,就多利用后踢与对手作战;裁判员对倒地判罚较严时,就多想办法破坏对手重心使对方失去身体重心,无法正常站立,最后倒下去。

8. 克制战术

通常情况下，每一个跆拳道运动员都有独特的特长技能，这就要让运动员对自己和对对方的长处都有一定的了解和掌握。更要在比赛中以最短的时间发现对方擅用技能，之后立即更改当前使用的战术，使用可以压制对方的战术，让对方没有办法发挥特长，进而把控自主权。

除特长外，运动员也有自己不擅长的地方。那么，运动员要清楚自己的短板所在，并极力掩饰自己的短板，不被对手发现。与此同时，还需要在比赛时仔细观察对手，待到找到对手的缺点后，快速更改战术和动作，积聚所有力量攻击对方的缺点。同时也要知道，战术是相互的，我们在观察对手的同时，对手也一样在看着我们，因此，自己也需要不停地更改动作战术，防止对手找到自己的短处。

这样的战术可以压制对手的特点，展现自己的特点。用自己的特点击打对手的缺点。在运用克制战术时，应对对手以及自身的优缺点有一个清楚地了解，只有这样才能取得较好的效果。

（1）对矮个对手和喜欢短距离进攻的对手。矮个运动员不善于远距离进攻，所以他们总是想要离对手近一点，可以利用这个缺陷，不让对手接近自己，使用直线与弧线型技术结合并寻找机会击打对手的头部。如果对方离自己的距离比较近，就需要慢慢远离对方，不让对方和自己太近，然后利用自己的优势攻击对方。

在对手个子比较矮小或对手喜欢近距离击打时，需要努力做到不让对手靠近，距离远一点，以免对手趁自己不注意占据有利位置。假如对手找到机会逼近自己，就要采取不同的腿法进行反击和攻击，或者远离对手。

（2）对手个子高，腿长。这样的运动员腿长胳膊长，适合远距离攻击。不善于短距离攻击，利用这个缺点，我们可以抓住机会，和对手接近，注意不要拉远距离，让对手占据有利地位。

在比赛中，如果对手身高腿长，则可用以下5种方法进行对战。

①使用灵敏步法，趁对方攻击不力或注意力不集中时，进行反击。

②使用假动作迷惑对方，利用机会反击对方。

③假如对方反应迅速，不好接近，就可以使用强劲攻击，在自己找到机会时，猛烈攻击。

④在一般情况下，身高特别突出的对手往往体力较差，并且其每一个动作

所消耗的体力也较常人要多，所以，比赛之初需要快速进行击打和反击，耗费对方体力，之后使用不同战术获取胜利。

⑤对腿长胳膊长的人来说，我们要使用左右躲避的方式，不要采取往后退的方式，让对方占据优势，使自己陷于被动。

（3）对付善于主动进攻的对手。在对手善于主动进攻时，可采用以下两种方式进行应对。

①攻击对应攻击，利用假动作迷惑对方，或者是优先攻击不给对方攻击的机会。

②防守的同时攻击对方。

（4）应对在防守反击方面有优势的对手。通常情况下，如果对手善于运用防守反击，那么其反应一般都比较快，而且具有很强的判断力，能够快速发现对方的缺陷开始反击。如果碰到了防守有优势，躲避技能有优势，反击技能有优势的对手时，可以使用以下5个方法来应对。

①要正确运用攻击的方式和动作，不能暴露自己的缺点和真实目的。

②使用佯攻的方式，让对方的习惯姿势和动作展现出来，利用机会攻击对方。

③让自己的不同攻击意图连接起来，让对手分不清自己的真实意图。

④抢先攻击后马上离开，不让对手有反击机会。

⑤使用反击战术获取更好的成绩。

（5）对付善于连击的对手。在比赛中，如果对手对连击有优势，在防卫时要防止后撤，可以往前接近对手，缩短和对手的距离，让对手无法进行连击，也可以往两边移动，让对手没有连击的机会。

二、跆拳道运动的基本战术实践

（一）横踢战术

（1）横踢战术通常在对手原地换位时采用。在跆拳道比赛中，运动员往往会通过不断地改变自身的准备姿势为进攻创造条件。抓住对方换位的空隙横踢就是一种重要的得分方式，例如，甲乙双方穿护具并采取右架闭式站立姿势，甲在乙换位的刹那进行横踢。

（2）对方在上步时也是一个运用横踢战术的良好机会。例如，甲乙双方穿护具并采取开式站立姿势，在乙准备上步进攻时，甲立即使用后腿横踢。

（3）通过不断地变化身体位置诱导对方，当对方后撤时运用横踢战术。例如，甲乙双方穿护具并采取右架闭式站立姿势，甲用变化身体位置诱使乙后撤，进而立即横踢。

（4）当对方在劈腿时可采用反击横踢进行攻击。例如，甲乙双方穿护具并采取开式站立姿势，当乙运用前腿劈腿时，甲跳向一侧并运用横踢反击。

（5）双横踢。甲在用左腿横踢逼退乙后，继续用右腿横踢击中乙。

（6）用横踢反击横踢。例如，甲成右架姿势，甲乙双方穿护具并采取开式站立姿势，当乙用右腿横踢进攻甲时，甲后撤一步，并运用右腿横踢反击。

（二）后踢战术

（1）当对方运用横踢进攻时，可采用后踢战术反击。例如，甲乙双方采取右架闭式站立姿势，当乙运用横踢向甲进攻时，甲可以通过转身后踢进行反击。

（2）当对方运用前横踢进攻时，可采用后踢战术反击。例如，甲乙双方采取右架闭式站立姿势，当乙运用前横踢向甲进攻时，甲可以通过转身后踢进行反击。

（3）运用假动作诱使对方采用横踢进攻，而后采用后踢进行反攻。例如，甲乙双方采取右架闭式站立姿势，甲用假动作诱使乙用横踢进攻，而后趁势使用后踢反击。

（4）当对方运用双飞踢进攻时，可采用后踢进行反击。例如，甲乙双方采取右架闭式站立姿势，当乙运用双飞踢向甲进攻时，甲立即转身使用后踢反击。

（三）下劈战术

（1）当对方运用横踢进攻时，可采用劈腿进行反击。例如，甲乙双方采取右架闭式站立姿势，当乙用横踢向甲进攻时，甲立即使用劈腿向乙头部攻击。

（2）当甲乙双方在分开时，可采用劈腿进攻。例如，双方在交战后贴在一起，可在分开的瞬间用劈腿向对方进行攻击。

（3）先运用横踢战术调动对手，再运用劈腿进行攻击。例如，甲乙双方采取右架闭式站立姿势，甲先用假横踢使乙后撤反击，再运用劈腿向乙的头部进行攻击。

（四）后旋踢战术

（1）当对方运用横踢进攻时，可运用后旋踢进行反击。例如，甲乙双方采取右架闭式站立姿势，当乙运用横踢向甲进攻时，甲立即运用后旋踢向乙头部进行攻击。

（2）当对方运用劈腿战术进行攻击时，可采用后旋踢进行反击。例如，甲乙双方采取右架闭式站立姿势，当乙运用劈腿向甲进攻时，甲立即使用后旋踢进攻乙的头部。

（3）当对方运用前横踢进行攻击时，可采用后旋踢进行反击。例如，甲乙双方采取右架闭式站立姿势，当乙运用前横踢向甲方进攻时，甲立即使用后旋踢进攻乙的头部。

（五）侧踢战术

（1）当乙运用横踢战术进攻时，甲可采用侧踢进行反击。

（2）甲先用前横踢诱使乙后撤反击，而后甲立即用前腿侧踢进攻。

（3）甲先用劈腿诱使乙后撤反击，而后甲立即用前腿侧踢进攻。

（4）甲先用横踢诱使乙后撤反击，而后甲立即用前腿侧踢进攻。

（六）双飞踢战术

（1）甲乙双方采取右架闭式站立姿势，甲先用假横踢诱使乙后撤，而后再用双飞踢进攻。

（2）甲乙双方采取右架闭式站立姿势，甲先用假劈腿诱使乙后撤，甲再用双飞踢进攻。

（3）甲乙双方采取右架闭式站立姿势，甲在乙原地换位的瞬间使用双飞踢进攻。

（七）鞭踢战术

（1）甲乙双方采取右架闭式站立姿势，当乙运用前横踢向甲进攻时，甲运用前腿的鞭踢向乙面部进行攻击。

（2）甲乙双方采取开式站立姿势，甲先运用侧踢战术诱使乙后撤反击，而后立即运用鞭踢反击。

（八）前横踢战术

（1）甲乙双方采取闭式站立姿势，甲在乙原地换位的瞬间运用前横踢攻击乙的胸腹部或头部。

（2）甲乙双方采取闭式站立姿势，甲在乙前跃步准备进攻的瞬间运用前横踢进攻。

（3）甲乙双方采取闭式站立姿势，甲在乙运用横踢进攻时，立即后撤并用前横踢进攻。

（九）旋风踢战术

（1）当对方在原地换位时，可采用旋风踢战术进行攻击。例如，甲乙双方采取开式站立姿势，甲在乙原地换位的瞬间运用旋风踢攻击。

（2）通过不断变化身体位置诱使对方后撤，进而运用旋风踢。例如，甲乙双方采取右架闭式站立姿势，甲通过变化身体位置诱使乙后撤，而后立即运用旋风踢攻击。

（3）双旋风踢。例如，甲使用左架旋风踢向乙，在乙后撤时，甲再上步运用左架旋风踢攻击。

三、国内外竞技跆拳道技战术的发展现状分析

（一）我国竞技跆拳道技战术现状分析

在我国，跆拳道运动开展的时间还不长，技战术水平还比较落后。1995年，我国首次派出队员参加跆拳道世界锦标赛，在这次锦标赛中，我国队员的成绩并不理想。直至2015年，我国女子队员在跆拳道世界锦标赛中共获得9金10银8铜，而男子仅有刘闯、马兆勇、赵帅3人分别在1997年、2013年和2015年获得铜牌、银牌和铜牌。也就是说，我国男子跆拳道参加世锦赛的最好成绩是获得银牌。我国女子跆拳道所获得的奖牌要远多于男子跆拳道，其奖牌的质量也要远高于男子跆拳道。在总体实力水平上，我国女子竞技跆拳道水平要高于我国男子跆拳道水平。在竞技体育项目中，运动员要想获得比赛的胜利，就必须要对项目的制胜因素有一个清楚的认识，并能及时、准确地把握这些因素。虽

然我国竞技跆拳道的起步较晚，但是仍然能够在二十几年中取得这样的成绩，其中的关键就在于我国对竞技跆拳道的5大制胜因素有一个切实的把握，牢牢掌握了跆拳道"快、全、连、变、高"的要义。从总体实力来看，我国女子跆拳道实力位居世界前列，男子跆拳道则处于中游水平，男、女整体实力水平相差较大。

我国竞技跆拳道的技术战术特点主要集中在整体队伍中女子大、小级别上，主要表现为以下两点。

（1）女子大级别技术全面，尤其是在攻反战术方面能够很好地结合，并且身体协调能力很强，有高位技术。

（2）女子小级别技术全面，具有快速的反应速度，并且战斗力很强，能够有效地将进、迎技战术结合在一起，同时对高位技术的运用也比较擅长。

相较于女子跆拳道的技战术水平，我国男子技战术水平还比较低，要想提高我国竞技跆拳道的整体实力水平，就必然要进一步提高我国男子跆拳道水平，也就是说要摸索一套相对符合我国男子特点的技战术，促进其水平的提高。

（二）国外竞技跆拳道技术战术现状分析

目前，跆拳道运动已是一个完全独立的国际体育组织和正规的比赛项目。其具有格斗性强、技术含量高等特点。在跆拳道的发展过程中，世界各个国家或地区都在积极地对跆拳道进行分析和研究，并且不同国家的跆拳道运动员也展现出了不同的风格。在竞技跆拳道中，技战术特点的发展最能代表竞技跆拳道的现状及趋势，以下以韩国、菲律宾、泰国的跆拳道技战术特点对世界竞技跆拳道发展现状及趋势进行分析。

1. 韩国跆拳道的技战术特点

韩国跆拳道在技术方面比较成熟，运动员也能较深层次地理解单个技术。在实战中，运动员对动作的使用把握较好，往往能取得较好的效果，同时，其在使用动作的过程中的破绽也较少。其技术战术的特点主要表现在以下7个方面。

（1）具有丰富的比赛经验，并能根据对手的特点和比赛时局来选择相对应的行动。

（2）比赛情况的储备较丰富，有方法，心理素质较好。

（3）应变能力很强，能准确运用相应的方案。

（4）具有扎实的基本功和全面的技术。

（5）步法突出。

（6）能娴熟地运用技战术。

（7）连续击头。

韩国跆拳道整体队伍技战术特点主要表现在以下3个方面。

（1）在比赛过程中，大多数韩国队员采用的技战术方法基本相同，首先都是运用佯攻、步法诱使对手露出进攻或防守意图，而后再运用反击战术重创对手，从而占据比赛的主动权。

（2）在发现对手的特点之后，就会有针对性地确定战术方案。在一般情况下，韩国队员在比赛中是在第二局开始对抗。

（3）在比赛临近结束时，韩国队员会根据时局来决定是保分还是追分。

2. 菲律宾的技战术特点

菲律宾跆拳道技战术与越南跆拳道技战术比较相似，它们的技战术特点都集中在整体队伍中的个别优秀选手，在中小级别中，菲律宾跆拳道特点又表现为技术多，反应速度快，并具有超强的连续和腾空能力。

3. 泰国跆拳道的技战术特点

在进攻、防守、反击等技战术的储备方面，泰国跆拳道比菲律宾的跆拳道逊色一些，但是他们所储备的技术具有很强的实用性。由于泰国跆拳道队员也是由韩国教练执教的，因而其整体竞技水平的进步离不开韩国教练的执教水平和方法。

世界各国、各地区在跆拳道发展时间、发展阶段以及跆拳道派别上都存在着一定的差别，因而在跆拳道技术方面也有所不同。伴随着跆拳道的发展，其项目规则也在不断地修改和变化，在这种情况下，跆拳道的竞赛理念和制胜规律也会有一些适应性的调整。因保守型防守反击打法过渡发展为进攻型攻防一体化打法，使主动进攻得分的能力开始成为获得比赛胜利的决定因素。因此，在跆拳道比赛中，主动进攻意识是每个跆拳道运动员都必须具备的，都力求用自己最擅长的、最能发挥自己优势的、得分概率相对较高的技术，积极进攻，主动进攻。

4. 跆拳道新兴强国的技战术特点

在近些年，随着跆拳道运动的发展，出现了一些新兴跆拳道强国，例如，伊朗、约旦、西班牙等，这些国家的跆拳道水平发展得非常快，其技战术特点也表现为比较典型的速度快、力量大、攻击性强。以下以伊朗为例，来分析这些跆拳道新兴强国的技战术特点。

伊朗的跆拳道技战术特点主要表现在以下3个方面。

（1）技战术单一。在跆拳道比赛中，大多数伊朗选手都是通过缩短与对方距离来创造进攻的机会，而后依靠反应速度（快）和强大心理对抗（强）能力实施进攻战术或反击战术得分。在预备姿势上，伊朗选手的变化较少，主要运用后腿横推来得分，以不变应万变。

（2）专项体能突出。伊朗跆拳道运动员的反应速度（动作速度）、反应（快速）力量、爆发力水平、击打速度、击打力量等专项体能较好。

（3）提膝防守战术。在比赛中，伊朗跆拳道队员表现最为突出的技战能力为提膝防守战术的运用以及贴靠攻击。其缺点在于技战术的储备不多且缺少变化，在比赛中表现得比较生硬。

在世界范围内，坚持积极进攻的技战术指导思想是跆拳道发展的必然趋势。跆拳道战术设计和训练的一般规律，是围绕技术与技术之间的相互关系、体力分配和假动作3方面进行的。

四、跆拳道战术训练的基本原则

实战对抗是检验跆拳道战术训练成果的有效手段，竞技训练的最终目的就是为了比赛，因此，比赛的需要就是我们训练的目标，训练中要培养运动员在对手干扰的情况下运用战术，使战术训练始终与对抗相结合，做到"比赛需要什么，就练什么"，一切从实战出发，从比赛需要出发，是竞技训练的基本原则。

（一）要使系统性与实战性相结合

从系统论的角度上看，跆拳道战术系统是由多个子系统组成，不同的战术系统具有不同的特点和功能。如从进攻和防守的角度可以把跆拳道的战术系统分为进攻战术系统和防守反击战术系统，系统性原则的基本精神是必须按照战术训练内容的逻辑体系进行完整系统的训练，把各个环节的战术有机地串联在一起，从而突出重点，运用现代的、科学的方法进行训练。

（二）把握比赛的前沿动态，捕捉先进的战术

事物总是不断向前发展的，竞技比赛的战术也是一样，要善于捕捉较先进、较前卫的战术战例，并进行研究，大胆创新，并运用于实战比赛。

五、战术训练的方法

（一）理论讲授

教练员向运动员讲解、传授跆拳道战术的基本理论知识和应用规律，内容包括战术概念、分类、形式，以及如何设计战术和运用战术等。讲授时要理论联系实际，使运动员对跆拳道战术有初步了解，为深入学习做好准备。

（二）模拟训练

这种方法指的是，以拥有了正确情报信息为前提，让对手在一个和比赛环境相同的环境里面，和比赛对手特征相同的人进行对练，在这种情况下，通过这种练习，让运动员得到高强度高标准的锻炼。在这种锻炼当中，陪练人通过各种战术，各种动作，不同的力量大小，不同的速度快慢，对运动员进行和实战水平相一致的训练。还可以模拟对单个技术有优势的对手的作战方式和对战动作，对运动员进行训练或针对某一名对手模仿他的常用动作进行针对性的反击训练。运动员可根据具体情况采用不同战术进行模拟锻炼。

（三）拆分训练

通常一个战术是由多个动作组合起来的，可以先把这些动作拆分逐一进行练习，之后再进行整套练习。比如，对佯攻战术进行练习时，以声东击西为例：声东，前腿横踢佯攻左侧；击西，后腿横踢进攻右侧。首先要练习利用前腿横踢进行假动作，这需要腿法速度要快，尽管是假动作，但是一定要有足够的真实度。要吸引对手的目光。其次再练习后腿横踢，这个动作要迅速，要猛，要有劲。最后再把整个动作完整练习。

（四）实战比赛

实战比赛是指在比赛中培养战术能力的方法。竞技跆拳道的训练最终的形式是实战，实战是检验技术、战术水平的有效手段。训练时按照比赛的要求进行实战对抗，可以选择延长比赛时间，对不同风格的对手进行二打一、三打一、四打一的车轮战。实战结束后要积极地进行总结，积累比赛经验。

六、不同的战术练习

（一）空击练习

空击练习即徒手进行练习。想要熟练掌握技术动作，空击练习是是重要的训练手段之一。空击练习可不断巩固技术动作正确的动力，不断加强条件反射。空击的形式多样，可单人练习也可进行多人练习。

（二）点击练习

所谓点击练习，是根据帮助者的信号及时做出动作反应的练习方法。常用的信号有手势、口令、靶位等。点击练习不仅能有效提高练习者的动作速度和反应速度，而且能提高练习者在实战中的反应能力。

需要注意的是：信号的发出要注意突发性，发出的信号要让人容易掌握，给出的靶位位置要正确。

（三）攻防练习

攻防练习通常二人一组，在不接触的情况下按照攻防的实战要求进行的练习。开始训练时可由教练员规定只做单招进攻，逐渐过渡到连招进攻；在实际战术的应用中，也由单一逐渐向组合过渡。攻防练习的目的在于，有效提高学生对技术动作的控制和运用能力，培养攻防意识，提高战术意识，并且消除和预防初学者的害怕心理，预防运动损伤的发生。

（四）喂招练习

喂招练习是由教练或同伴根据一定的攻防要求，结合实战经验，有目的地给练习者喂引动作，或借助手靶、脚靶等辅佐器材，帮助其进行练习的一种方法。因此方法的针对性较强，这种练习对练习者快速有效地掌握技术动作起着重要作用。

不仅能提高练习者对技术的运用能力，还可培养战术意识，有效提高练习者对技术动作的进攻和防守的动作质量，提高反应速度，建立稳定的条件反射，直至达到自动化，是教学训练中经常采用的一种练习形式。

注意事项：保证喂引动作的质量，有针对性，并根据不同练习者的技术特点进行相应的喂引；而练习者在保证动作质量的同时，要仔细体会，反复揣摩。

（五）递靶练习

递靶练习与喂招练习相似，都是由教师或同伴使用手靶、脚靶，及时给练习者出示靶位，练习者根据靶位及时做出反应的练习方法。

注意事项：示靶及时，有针对性；反应快速，击打准确，根据不同的要求进行击打。

（六）隔空练习

二人在不接触的情况下，根据对方的动作及时做出反应的练习方式。这种练习方式可有效训练练习者的反应速度、动作速度，培养战术意识，提高攻防能力、对动作的快速反应能力，消除惧怕心理。

（七）假设练习

假设练习即假想敌练习，它是要求在练习时有意识、系统地在脑中进行思维、表象的一种练习方法。

"此时无声胜有声，练时无敌似有敌"，无论在空击、打靶、打沙包时都要进行积极的思维，假想对手就在面前，积极进行练习并根据对手的反应做出相应的反应。假设练习可通过对完成动作的思维、想象和体验活动作用于心理、生理，并使完成动作的过程和概念得到熟练和巩固。假设练习可使神经系统的兴奋性提高，有助于集中记忆力，加深对动作的记忆，提高对动作的熟练程度，改善对动作的协调性和准确性，提高操作思维能力和完成动作的能力，进而有利于建立和巩固正确的动力定型。最重要的一点是，假设练习没有危险，从一定程度上降低练习者学习的惧怕心理，并减少运动损伤的发生。

（八）模拟练习

模仿实战中的技术动作的运用、有针对性地进行计划性战术的练习。模拟练习可提高战术意识，动作判断能力、反应能力。注意针对练习者的技术特点进行练习，培养对付不同选手的能力。

（九）假实战

二人一组在控制力度和速度的情况下，进行的近似实战的练习。训练时应注意，力度和速度在一定的范围内，过轻则起不到应有的效果，过重则易发生损伤。

（十）条件练习

条件练习是指，在一定条件下有针对性地进行练习。特定技战术的运用能培养时间差、距离感、攻防意识，针对性强，能有效训练和提高练习者的某些能力和运用某方法的能力，是进行战术训练时常用的一种方法。

（十一）实战

检验和提高技术、战术的重要方法，总结、积累实战经验的有效措施。尤其能够完全按照比赛的规定和方法、有裁判裁决的形式下实战，竞争激烈，对抗性强。

七、跆拳道训练理念的转变

我国跆拳道运动起步较晚，最先接触跆拳道的运动员也大多是从武术散打项目转过来的。基于格斗对抗性项目的共性，这些运动员能够较快地掌握和运用跆拳道技术，从而较快地缩小我国竞技跆拳道水平与跆拳道世界强国的差距。最终形成的进攻手段主要是以"防守反击"为主的打法。这种固定的意识并不是一朝一夕就能改变的。从很大程度上来说，我国竞技跆拳道初期进攻理念的形成主要是受到了这一固定意识的影响。因此，在相当长的时间里，我国竞技跆拳道主要是靠"防守反击"打法得分的。

在跆拳道的发展过程中，其竞赛规则也发生了一系列的改变，在这一背景下，跆拳道训练理念也发生了一定的变化。在遵循"三从一大"竞技体育发展原则下，国家体育总局跆拳道协会中心赵磊主任在1998年提出了"主动进攻"的训练指导思想，但由于技术和理念方面的缺陷，这一"主动进攻"的思想并未很好地体现出来。随后，曾于久教授通过多年对跆拳道赛场实践的总结，得出了"内动打抢攻、小动打迎击、大动打反击"的行动对策。通过实践检验证明，曾教授的这一行动对策是有效的方法，"内动打抢攻、小动打迎击是主动进攻的打法，大动打反击是防守反击的打法，主动进攻和防守反击的成功率成反比，主动进攻技术掌握得越好，对方就越难有反击的机会，反之，进攻成功率越低，对方的反击成功率就会越高。因此，内动打抢攻、小动打迎击是跆拳道技能训练的重中之重。"①通过对跆拳道制胜规律认识的深入和探索，提出了跆拳道"快、全、连、变、高"的5字制胜因素。当前，又提出了"以攻为主，主动进攻""技术战术一体化，攻防一体化"等一系列的训练理念及指导思想。

每一种竞技体育项目都有其竞赛规则，其保障了项目安全、公正、顺利地开展。伴随着我国竞技跆拳道竞技水平的逐步提高，跆拳道规则发生了一系列的变化，不断地对竞赛规则进行修整是为了遵循竞技体育更高、更快、更强的宗旨，规则的变革又推动了竞技跆拳道训练理论变革。

比赛区从12m×12m调整到8m×8m，跆拳道竞技规则在不断完善的同时，也积极推动了跆拳道进攻技术的发展。

针对跆拳道运动项目规则改革，很多专家和学者都发表了自己的看法。刘宏伟在《跆拳道规则变化对比赛的若干影响研究》中指出："得分部位面积增大，形成了由平面向立体的发展，导致双方合法攻击面积增大，得分机会增加；区分了不同得分部位的得分分值，刺激了选手攻击行为；警告行为中的'回避比赛'和'背向对手逃避进攻'等条款，限制了运动员的消极行为。"②吴兴赏通过对2003年冠军赛的分析得出："随着新规则的实施，比赛日趋激烈，主动进攻、连续进攻和高位进攻技术是今后跆拳道发展的主流方向。比赛时间缩短，运动员攻防节奏加快，比赛得分率、成功率提高。"③并通过对1998年与2003年竞赛规则的时间缩短对比分析，得出运动员技术的使用并未因比赛时间的缩短而发生变化，增加了比赛的观赏性，加快了攻防节奏。

总而言之，跆拳道规则是技术发展的方向。跆拳道竞赛规则一系列的改革与不断地完善，促使了运动员技术的变化，促使运动员提高主动进攻能力，提高队员之间的积极对抗能力，增加了比赛的连续性和观赏性，使竞技跆拳道的比赛更加公平、激烈、精彩。因此，我国教练员和运动员必须对跆拳道最新竞赛规则动向有一个深入的理解并掌握这些动向，不断地对训练手段和训练方法进行调整，从宏观上掌握跆拳道攻防关系上的发展趋势，以超前意识采取超前战略措施，只有这样才能促进我国跆拳道运动的快速发展和竞技水平的提高。

---

①曾于久.跆拳道运动员的技能及其训练［J］.中国体育科技，2005（2）.
②刘宏伟，曲润杰.跆拳道规则变化对比赛的若干影响研究［J］.沈阳体育学院学报，2005（10）.
③吴兴赏.对跆拳道新规则在2003年冠军赛中实施后的思考［J］.安徽体育科技，2005（4）.

第二节 跆拳道的心理训练

在跆拳道比赛中,心理因素扮演着越来越重要的角色,影响日常的心理训练以及比赛临场的战术发挥,更是赢得比赛的重要因素。所谓心理训练,是通过各种手段有意识地对运动员的心理过程和特征施加影响,使运动员学会调节自己心理状态的各种方法,对于跆拳道运动员来说,日常及赛前的心理训练,能够弥补跆拳道运动员的某些缺陷。若是缺少日常训练,对于一些没有大赛经验的运动员来说,其身体和心理会受到各种因素的刺激,进而紧张无措,这对运动员正常发挥技术有很大的影响。为更好地参加训练和比赛,争取优异成绩,做好各种心理准备的训练过程尤为重要。通过心理训练,能够提高心理素质,使之学会心理放松调节,更专注于比赛过程,更好地发挥水平,为取得良好的比赛成绩打下基础。

竞技体育比赛的实践证明,心理活动对运动员生理活动起着调节、控制的主导作用。因为在激烈的比赛中,运动员不仅需要有超强的身体素质、极大的生理潜力和遗传方面的优势,还要有能够使这些优势充分发挥出来的心理素质。所以,心理训练也是竞技跆拳道训练中的重要内容之一。

一、跆拳道运动员的心理训练内容

(一)优秀跆拳道运动员应具备的心理特征

1. 坚强的意志品质

果断、自信、坚毅以及吃苦的精神和坚韧不拔、积极向上的意志品质,这是一名优秀的跆拳道运动员应该具备的基本心理素质。

2. 悟性、思维和准确的判断能力

优秀的跆拳道运动员在训练或比赛中能够很好地理解教练战术指导的意图,并能够较好地运用于比赛中。除此之外,还要具备独立的思考和判断能力,能够根据赛场上的实际情况采取相应的战术打法。

3. 沉着稳定的心理素质

处变不惊,胆大心细,稳定情绪,充分放松自己,在不利的情况下能及时地调整自己的状态，保持冷静的头脑，充分发挥自己的战术水平。这是心理训练的核心内容，也是评价运动员心理素质的标准。

（二）跆拳道运动员心理训练的内容

1. 一般心理训练

一般心理训练是指在日常训练中培养和发展运动员所必备的基本心理素质的训练过程。

2. 赛前心理训练

赛前心理训练是指在赛前一定时期内，针对比赛使运动员掌握自我调节心理状态的方法，以利于最大限度地适应比赛氛围，做好参赛心理准备的一般过程。内容包括明确比赛任务，激发比赛斗志，使运动员避免受到不良比赛的情绪影响，保持稳定的心理状态，建立取得比赛胜利的信心等。

3. 赛后心理调节

在比赛结束后，运动员的身心会产生极度的疲惫，因此进行适当的赛后调节也是心理训练的重要内容。赛后心理调节的内容一般体现在两方面：首先，对比赛失利的运动员要多进行正面的鼓励，消除比赛失利造成的消极情绪，激发运动员拼搏进取的精神；其次，对取得胜利的运动员在充分肯定的同时，总结经验、消除骄傲自满的情绪，积极地投入新的训练中，争取更高的目标。

二、跆拳道运动员的心理训练方法

（一）跆拳道运动员心理训练的方法

1. 意念训练法

意念训练法是指借助想象或运动表象进行自我的心理暗示，从而改善运动员的个性心理特征和心理过程。如比赛前进行自我暗示，以集中注意力；也可以想象比赛中出现的情况，自己应采用怎样的技术、战术去对付；再如可以进行自我的语言调节和鼓励，暗示自己放松，保持稳定的情绪。

2. 诱导训练法

诱导训练法是指通过外界刺激来引导运动员，按照预定的要求去执行的心理训练方法。外界的刺激可以采取信号、口令、多媒体等手段。常用的诱导方法有鼓励、启发、说服、举例和批评等。另外，教练员可以采取示范、多媒体等直观的手段向运动员传递信息。

3. 模拟训练法

模拟训练法是指在训练中，设置未来比赛时可能出现的各种情况，使运动员在近似比赛的条件下，锻炼和提高对正式比赛心理适应能力的训练方法。模拟的对象一般有3个。

（1）模拟比赛中可能遇到的对手，针对对方的技术特点制订相应的战术打法。

（2）模拟比赛环境，通过模拟比赛的环境，使运动员适应比赛中可能遇到的心理障碍，消除比赛环境带来的负面影响。

（3）模拟比赛日程，模拟比赛日程的目的是使运动员适应比赛，从而发挥最佳的竞技水平。

模拟训练法，就是要模拟与正式比赛类似的环境条件进行赛前训练，从而训练运动员心理状态的方法。通过对实战要求模拟进行训练的形式，可以有效提高运动员正式比赛时的临场适应能力。

4. 放松训练法

"放松"是一项最基本的心理技术，同样也是进行跆拳道赛前心理训练的基础。当心理过度紧张时，不但不能稳定地发挥其正常水平，甚至会出现发挥失常的现象。日常训练中，放松训练可从两个渠道进行。一种渠道是通过心理的放松从而达到肌肉的放松，并顺利完成技术动作并消除疲劳。进行训练时，事先选择一个安静的环境，使身体处于放松的状态，反复默念一个词或短语，排除各种杂念。这样训练20分钟，即可产生一种非常放松的感觉。而另一种渠道是通过对肌体血液的放松而达到心理的放松，保持良好的心理状态，使运动员在比赛中获得最佳的运动成绩。这种渠道利用了清除肌肉紧张来减少不安的心理因素的原理，通过从头到脚依次收缩肌肉的方式，保持高度紧张后尽快充分地放松，便可使身体进入完全放松的状态。

5. 精神安慰法

精神安慰法又称"心理安慰法"，是广大教练员最好的一种训练方法。在日常训练中，当运动员在做出某一系列高难度动作失败后，不讽刺、不严厉批评，而是主动关心运动员，帮助其分析失败原因，指导运动员从身体和心理两方面走出困境。

6. 意志品质培养法

培养运动员的顽强意志，是至关重要的。平日训练中，多给自我设想一些动作难度，对高难动作有充分的信心。同时，也要对失败有充分的思想准备，两者均具备了，方能突破难关。不仅做到技术上精益求精，心理上更要有自控能力，不骄不馁、不急不躁、不卑不亢，沉着冷静地分析对手的战略战术，做到知己知彼。

（二）如何克服赛前常见的心理障碍

1. 过度紧张

产生过度紧张的原因一般有惧怕对手、想赢怕输、比赛经验少等。

克服方法：惧怕对手的克服方法是认真地分析对手和自己，力图找到战胜对手的途径，树立比赛的自信心，激发斗志，保持平衡的心态，放开束缚，打出自己的水平。想赢怕输的克服方法是提高自信心，稳定情绪，多考虑比赛中如何发挥技术、战术，不要考虑比赛结果。此时教练员要及时地帮运动员调整，不过分地强调比赛的重要性。总之，稳定比赛情绪，及时地进行自我调整，树立信心，激发斗志，放下包袱，就能够克服紧张的情绪，取得比赛的胜利。

2. 盲目自信

盲目的自信就是俗话说的"轻敌"。具体表现在对比赛不够重视，对比赛中可能出现的情况估计不全。比赛时一旦遭遇挫折就心浮气躁，不能发挥正常的技术、战术水平从而导致比赛的失败。

克服方法：做好运动员的赛前教育，充分估计比赛中可能遇到的困难和挫折，做好心理准备，调整好最佳的心理状态，做到遇强不惧、遇弱不懈，胜不骄、败不馁。

3. 注意力分散

注意力分散即俗话所说的"分心"。具体表现在运动员在比赛中反应迟钝、胡思乱想、注意力分散等。

克服方法：在平时训练中要养成专心致志、认认真真的习惯，比赛时仔细研究对手制订相应的战术。另外还可以进行一些针对性的训练，提高运动员的抗干扰能力（如上文提到的模拟训练）。

4. 过度兴奋

过度兴奋是指运动员不能将自己的兴奋水平调整在适宜的时间，出现过早的兴奋或兴奋过头。过早或过度的兴奋会消耗大量的能量，造成比赛时思维反应能力下降，动作变形等。

克服方法：通过各种心理训练方法，提高自控能力和自我调节能力。另外，适量的准备活动和合理的时间安排也是克服兴奋过度的一种方法。

5.消极

消极主要表现为运动员赛前无精打采、意志消沉、情绪低落、体力下降、缺乏比赛信心甚至无意参加比赛等。

克服方法：端正比赛态度，鼓励自己，增强信心，分析自己的有利条件，找到击溃对手的方案。另外，比赛前的训练安排要科学合理，避免过度疲劳和运动损伤。

第六章　跆拳道运动的身体素质训练

跆拳道作为一种强对抗性的运动，对运动员的身体素质有着很高的要求。因此，具有良好的身体素质，是进行跆拳道练习的前提和保证。

第一节　力量素质训练

所谓力量素质是指，人体肌肉在工作时都需要克服内外阻力，这种克服内外阻力的能力即力量素质。在跆拳道运动中，力量素质共分为4个方面：完成攻击动作需要的击打力量、步法移动需要的下肢力量、组合技术动作衔接转换需要的综合力量以及抗击打力量。跆拳道是一项体现综合力量素质的运动项目，其不同动作对力量类型有不同的要求，在日常进行力量训练时，不可单一针对某一种素质进行训练，对各方面的力量素质都应引起重视，从而保证各种力量素质的均衡发展。若只过分地强调某一种力量素质，身体的力量素质发展必然是不均衡的。

一、最大力量训练

最大力量指的是肌肉在对抗最大的伸展过程中展现出来的对抗压力的最大的力量。在人体力量当中，这个力量的强度和肌肉接收到的神经冲动的强度和频率有关系，还和肌肉收缩的内平衡能力以及关节的改变有直接的关系。最大力量，是跆拳道力量的集中体现。

（一）改善神经调节机制发展最大力量

跆拳道比赛，是根据运动员的体重划分级别来进行的，因此，对具有相同体重的运动员来说，增大力量非常重要。通过改善神经调节机制发展最大力量是一种符合跆拳道运动的训练方式，即有效地提高最大力量却不增加肌肉体积。在具体的训练过程中可以采用以下5种方法。

1. 肌肉收缩——放松的训练

松弛有度，是最大力量训练中应秉持的原则。在训练过程中，运动员应充分利用回收动作的过程和动作间歇中的时间，尽可能使肌肉保持合理的放松，尤为重要的是，使肌肉避免长时间的紧张、僵硬。只有在击打中遵从放松—紧张—放松的原则，才能使肌肉在运动过程中获得更好的能量补充以及更好的神经调节，遵循人体规律，从而为下个动作出击积蓄力量。同时，在遵从原则的同时还能降低对对抗肌、主动肌、协同肌的负面影响。只有顺应人体规律，遵循原则，才能发挥出最大力量。

2. 保持对肌肉刺激强度的训练

保持对肌肉刺激强度的良好方式是采取最大速度和最大力量进行训练。通常，在这种情况下能够进一步对神经系统的兴奋性进行强化，从而进一步提高参与工作肌肉的刺激强度。如此一来，既能获得良好的技术动作训练质量和效果，又可以使运动员的最大力量得到稳步的增长。

3. 整体发力的训练

跆拳道比赛中，应强调调动大肌肉群参与完成击打动作，而不只调动局部肌肉进行击打：例如，横踢击打，发力顺序依次是击打腿蹬地—向前提膝—同时转髋、扣膝、支撑腿旋转—小腿由屈到伸鞭打。总的来说，横踢击打就是由髋部带动大腿、大腿带动小腿，聚集全身之力协调一致进行的连续性动作。发力时切忌由小腿带动大腿，此种状态下，全身的相关主动肌和协同肌是无法全部参与，共同完成动作的。并且在整个过程中，动作的协调性差、力量分散。此外，在击打的瞬间要切记发声助威，以气催力，激发体内能量。因此，全身整体的协调一致的发力方式和技巧的加强，是跆拳道日常训练中的重要部分。练习时，力求熟练掌握，以保证每一次训练、每一个动作都严格按照完整发力的要求去完成，保证动作能够发出最大力量。

4. 保持击打合适距离的训练

在跆拳道对抗中，相互的距离直接影响着动作产生的力量。在肌肉质量相同的情况下，动作运行距离长比运行距离短所发出来的力量要大一些。因此，在不产生预兆的前提下，在对腿法和拳法进行练习时，在练习前就应对击打距离进行适当合理的调整，以保证最大力量的发挥。在日常练习或是比赛中，依靠步法的移动或动作本身来调节距离是基本技巧。

5. 提高动作击打准确性的训练

总的来说，启动、运行、击打落点，是跆拳道动作的3个组成部分。其中击打速度与力量之间存在较大差异。动作启动时，击打力量与初速度成正比；动作进行过程中，力量会随着速度迅速增大直至接触目标部位；动作回收时，回收的力量瞬间为零。所以，只有恰到好处地使击打部位与动作击打力量最高值的力点吻合，才能保证在完成整个动作的过程中将最大击力发挥到极致。

（二）增加肌肉生理横断面提高最大力量的训练

1. 负荷强度

选择适宜的负荷强度对日常训练起着至关重要的作用。实践证明60%～85%的强度，是增加生理横断面负荷强度的最佳强度。综合跆拳道的运动特点，不宜采用极限负荷强度来训练，因为在极限负荷训练中易使得肌纤维粗壮，更重要的是，在这种训练下运动员会产生较大的心理负担，无法使训练效果达到最佳。这种训练方式可根据具体情况每周进行1～2次。

2. 次数与组数的反复练习

根据运动员的实际能力水平，制订科学合理的训练计划，安排每组4～8次，每次至少练习5～8组，素质较好的情况可增加练习强度。但需要注意的是，在最后的几组练习时，参与运动的各项单位的兴奋度已达到最高，身体机能也有所下降，所以，最后几组和重复练习的次数是提高运动员最大力量的关键，因此，坚持完成最后几组才会事半功倍，使自身水平提高。只有这样才能进一步提高肌肉承受刺激的强度，进而使肌肉的能量供应得到改善，促进肌肉横断面的增大。

3. 练习的持续时间

在练习增加肌肉横断面的过程中，每一个动作都应一鼓作气、自然连贯不停滞地完成。将完成整个过程的时间控制在4秒左右。只有在持续练习下，才能促进参与工作的肌纤维变粗从而增大肌肉横断面。

（三）组间间歇时间

组间间歇时间，是指在完成上一组练习后肌肉所产生的疲劳基本得到消除到进行下一组练习之间的时间。一般情况下，高水平运动员的组间间歇时间为2～3分钟，若运动员的力量水平不是很高，可将间歇时间延长。在间歇过程中，可通过做一些短促的快速动作练习和放松练习加快疲劳恢复。

组间间歇的目的在于，让练习者能够恢复工作能力，及时清除体内的非乳酸性氧债。在进行训练时，如果局部肌群投入工作的时间在3～4秒，间歇时间可以在30~40秒；若全身性肌肉工作或单个练习的时间较长，间歇时间可在3分钟以内，当然，具体的组间间歇需要根据练习者的自身素质来决定。此外，在间歇休息中，可根据自身情况做一些适当的放松运动以保证身体在下一个练习前恢复到最佳状态。

（四）最大力量训练的要求

（1）进行最大力量训练时，应采取克制性与退让性相结合的动力性练习。

（2）进行最大力量训练时，不宜采用过多的极限负荷训练，在负荷练习中，重复8~12次的适当强度练习的效果最佳，而极限负荷强度练习只可重复1~2次。采用最大负荷训练不仅极易受伤，而且容易给运动员造成心理障碍。

（3）要根据运动员的实际情况选择最大力量的训练内容和方法。将一般性力量练习和有针对性的专门力量练习进行有机结合，科学理性的练习。

（4）在进行最大力量训练时，要将大小肌群结合在一起进行练习，先安排大肌群的最大力量练习，再安排小肌群的快速力量练习，以避免小肌肉群拉伤。

（5）因为跆拳道运动是一种根据体重来划分等级进行比赛的项目，因此，发展相对力量极为重要。控制体重则成为训练的重中之重。训练中，应多采取提升肌肉内的协调能力的方法来发展最大力量，这样的训练不仅容易增强相对力量，而且能够很好地控制体重。

二、速度力量训练

力量和速度有机结合在一起的力量称为速度力量，顾名思义，速度力量因其兼有速度和力量的特征，是一种特殊力量素质。速度力量会随着运动员在完成动作时所用力量和速度的增大而提高，也就是说力量越大，速度越快，所表现出的速度力量就越大。

通常情况下，速度力量指数是衡量速度力量水平的高低的。肌肉负荷与收缩速度的关系成反比负荷越大，速度越小，当负荷趋于极大值时，速度趋于极小值而当负荷趋于极小值时，速度趋于极大值。

事实证明，要想获得速度力量训练的最佳效果，就必须使最大力量和速度这两个方面都得到提高。因此，在进行速度力量训练时，负荷重量与动作速度各自所占的比例要不偏不倚，这样才能使力量和速度平衡发展有机结合，使速度力量符合跆拳道的要求。无论出于何种目的，都需要正确处理练习负荷和动作速度之间的比例。

在跆拳道运动中，速度力量是首选的力量素质，其中腿部力量尤为重要。而在所有的技能中，肌内和肌间的协调性以及肌纤维的快速收缩能力是完成腿部动作的关键。所以，在进行速度力量训练时，应当围绕提高肌肉收缩工作过程中各参与工作肌肉间的协调能力和动作快速运动能力进行训练。

（一）速度力量训练的练习强度和量的安排

1. 肌肉工作的方式

在训练中，运用动力性的工作方式是提高速度力量的最佳方式。例如，克制性的、退让性的动作以及超长的工作方式。

2. 负荷强度的大小

负荷强度的波动范围通常在30%～100%，因此这个波动范围就成为在具体的训练过程中的依据标准，根据练习的性质和目的来决定负荷强度的大小。例如，动作难度较高，参与工作的肌肉较多，此时的速度力量练习负荷强度可以达到最大力量的70%以上；在专项动作中也是一样，如负重的踢击练习，可用最大力量的30%～50%。总而言之，要遵循规律进行练习，通过较大的负荷强度来发展爆发力，较小一些的负荷强度来提高动作启动力量。

3. 动作的练习速度

通常可以选择次极限速度的训练来重点发展爆发力以及极限速度，以此重点训练出腿的速度力量。

4. 完成单个练习的时间

在进行单个练习时，无论是动作速度还是中枢神经系统的兴奋性都有着较高的要求。那么就要求在完成每个练习的持续时间都要适宜，更要求每个动作都要高质量地完成。通常情况下，根据练习的性质、负荷的大小、训练水平以及练习的结构来安排持续时间，每组练习的重复次数可以在1～5次，持续时间在3～4秒至6～8秒。

5. 一次课练习的组数

在一次课练习中，根据每个练习的性质以及其所选择负荷强度的不同，在练习时的组数也是不同的。不盲目追求训练效果，欲速则不达。同时不要忘记，在练习的过程中还应遵循不降低动作练习速度的原则。如负重大强度大，重复次数少，反之亦然。普托拉诺夫在对当今优秀运动员发展速度力量的训练实践总结后认为，一次课的练习组数为2～6组。而德国的比勒和他的小组则认为，当负荷强度为30%～50%的练习时，练习的组数应为5组。

（二）发展速度力量的常用训练方法

负重练习法和徒手练习法，是练习速度力量最常用的两种方法。

1. 负重练习法

跆拳道练习者发展速度力量和保护速度的最好方式是通过负重与专项动作相结合进行训练。例如，在负重条件下（沙袋、沙腿）的各类腿法的踢击练习、左右提膝练习、高抬腿练习以及短距离冲刺等；借助橡皮筋弹性的各类腿法的踢击练习；利用杠铃进行的各种练习等。

在进行负重练习时，应根据具体情况来选择负重的大小。若选择的负重过大，会直接影响动作完成的速度；若选择的负重过小，那么速度力量将难以体现。因此，通常在进行速度力量训练时，常采用运动员最大负重的40%左右与专项动作相结合。这样不仅可以使力量和速度在训练中都得到有效发展，而且可以让运动员在完成动作练习时速度达到最快。

计时练习和计数练习，是确定负重练习的次数和组数的两个方面。计时练习时，每一组的持续时间应控制在5～8秒，而重复组数以5～10组为宜；计数练习，则每一组的重复次数应控制在10～15次，重复的组数以5～8组为宜。在具体的训练过程中，练习的次数和组数由练习者完成动作练习的速度而定，若能保证动作完成的速度，可适当增加练习组数，一旦练习速度下降，应停止练习。

在负重练习的过程中，要着重把握间歇时间的长短，一般每两组之间的间歇时间应在2～3分钟，若组与组之间的间歇时间设置过长，中枢神经系统的兴奋性会随着时间延长而下降，以致对下一组的练习及其效果产生不良的影响。

2. 徒手练习法

采用各种练习形式结合专项动作克服自身体重的练习方法称为徒手练习法。

徒手练习法包括蛙跳、收腹跳、台阶跳、直腿收腹交换跳、高抬腿、左右提膝、连续双飞踢、左右快速横踢等。通常采用计数的形式来进行徒手练习法，根据运动员的能力水平和训练的目的与任务具体情况每组安排15～20次，重复3～5组。如果是结合专项动作而进行的连续快速的徒手练习，通常采用计时进行练习，根据具体情况每组3～5秒或6～8秒，采取这样的时间，是因为这个时间与比赛中的一次组合进攻的时间大致相当,而练习时的组数则根据运动员的实际情况重复5~8组。但需要注意的是,无论是计时练习还是计数练习,在练习中一定要促使运动员全力以赴地保证以最快的速度完成每组练习。

(三)速度力量训练的要求

(1)在速度力量训练中,发展局部速度力量和发展整体速度力量训练要相互结合来进行,不单一追求某方面的发展。通过提高全身速度力量水平能够有效地促进局部速度力量的提高。因此,在具体的训练过程中,要将两方面的速度力量练习结合起来,将大肌肉群与小肌肉群的练习结合起来。

(2)根据跆拳道本身所具有的特点,要重视训练过程中对最大力量的训练,尤其是相对力量的提高。相较而言,提高力量比提高速度的作用要小一些。所以,提高速度力量素质的侧重点应放在提高力量素质,特别是相对力量的最高值上。

(3)在速度力量训练中,尤其是在结合专项动作的练习中,应强调动作质量,确保动作练习的快速性,并在练习中使最大力量水平达到极致,产生最大的速度力量效果。

因此,为获得最好的训练效果,应重点分析项目特点,进而使速度与力量训练实现最完美的集合。通常选择以下4种方案。

(1)"力量性"速度力量训练:即动作速度不变,增加练习负荷。

(2)"速度性"速度力量训练:即练习负荷不变,提高动作速度。

(3)"全面性"速度力量训练:即练习负荷与动作速度同时增加和提高。

(4)"速度性"的快速力量训练:在跆拳道的速度力量中运用较多,能够全面提高攻防击打和步法移动的速度。

三、力量耐力训练

在规定时间内反复完成比赛动作所要求的高水平的肌肉收缩能力即力量耐力。跆拳道运动员力量耐力水平是由多种因素决定的,其中血液循环系统和呼吸系统的机能能力是最主要的因素。因为工作肌在释放能量的过程中需要足够的氧气,而无氧代谢的机能能力和工作肌有效地利用氧的能力以及比赛训练中运动员本身所反映出的意志品质也是重要的因素。综上所述,运动员本身的最大力量水平、身体机能的能量供应系统的强弱和肌肉的抗疲劳能力共同决定着运动员的力量耐力水平。

在进行力量耐力训练时，对训练环境有着很高的要求。所选择的训练环境不仅是要接近跆拳道比赛特点的环境氛围，更要在内外结构上与比赛相似，并能体现出明显的力量特征。例如，多次重复的组合脚靶或踢沙袋练习，尽可能地发挥出最大力量和爆发力，使运动员能够更好地反复完成比赛技术动作的相应力量性工作；在进行多次重复的腿法练习时，应尽可能地表现出启动力量和爆发力的最高水平。

（一）力量耐力训练的练习强度与量的安排

1. 负荷强度

在跆拳道比赛以及日常训练中，腿法、步法技术动作是训练和比赛中的重要组成部分，而这些动作所要求的力量耐力又是较为全面的，既有最大力量耐力，又有速度力量耐力。因此，所选的负荷重量可以在较大的范围内变动，但一定要适宜。当在专项力量耐力练习做提高步法和腿法动作的力量耐力练习时，可选择略超出比赛时的5%~10%的负荷强度；在提高组合动作的力量耐力的训练时，可选择等同于比赛时的负荷强度或超过10%~30%的负荷强度进行训练。而在一般性力量耐力训练中，可选择50%~80%的负荷重量进行重复练习来发展最大力量耐力；可通过采用30%以下的负荷强度进行重复练习促进速度力量耐力的提高（不负重或负重较小的空击）。

2. 练习的次数与组数

在一般情况下，运动员应在保证正常完成动作的前提下尽可能多地完成练习次数。根据跆拳道的运动特点，通常采用计时练习来控制练习量，提升出腿力量。耐力的每组练习时间可在30~60秒，重复练习4~6组；空击、组合踢靶、踢击沙袋等发展最大力量耐力的练习时间，可在30秒至2分钟，重复练习3~5组。

3. 间歇时间

组间间歇应在身体未完全恢复的状况下进行，在确定力量耐力训练的组间间歇时间时，对练习的各方面都要进行周密的考虑，例如，练习性质、练习时间长短、负重大小以及投入工作的肌肉的数量等方面。如果练习的时间较短，需通过数组练习才能达极限疲劳。例如，在进行发展腿击动作的肌肉耐力的力量训练时，应将练习的持续时间控制在30~60秒，而间歇时间短于练习时间5~10秒。若练习的持续时间较长，并希望每次练习都达到较满意的训练效果，那么间歇时间应适当延长，以使机体恢复至训练的初始水平或接近初始水平。

4. 练习的速率

在进行提高一般性肌肉耐力能力的负重练习时，要适当把握完成动作的速率，不宜过分追求动作速率，否则会导致动作功率的降低。在进行发展专项肌肉耐力能力的练习时，应尽可能使动作的速率与比赛时的动作速率一致。

（二）发展力量耐力的常用训练方法

1. 专项练习训练法

专项练习主要发展专项力量耐力，是针对在比赛中承担主要工作负荷的肌肉群的力量耐力，使之达到更高水平的专项训练。在跆拳道专项力量耐力训练中，通常采用接近比赛条件的动力性重复练习，如组合攻防技术动作的空击练习、运用各种进攻技术动作踢击沙袋的练习、踢脚靶或护具靶练习、两人的相向空击以及高抬腿、左右提膝、连续双飞踢等练习形式，也可以在进行上述练习时采用较轻的10%~20%的负荷，来发展运动员的专项力量耐力。普通情况下，每种练习方式的练习时间应控制在30秒至2分钟，在特殊情况下，可以进行适当的延长。

2. 循环训练法

如今，循环训练法已发展成为一种全面完成的训练方法。通过力量的训练学参数的变化，可以把循环训练设计成发展各种综合能力的计划，如力量、速度的协调能力，以及爆发力、肌肉耐力等。

实践证明，提高肌肉耐力最有效的方法就是进行循环练习法。在国外，有运动训练专家根据不同运动项目的需要，提出了以下两种不同方式的循环训练。

（1）大强度间歇循环训练。在进行大强度间歇循环训练时，采用最大力量50%~80%的负荷，重复10~30次，而对动作重复练习的要求则是速度要快。组间间歇时间应为用力时间的2~3倍。大强度间歇循环训练在短距离高速度项目，如短跑、游泳、短跑道滑冰、跆拳道、散打、摔跤、拳击、橄榄球及其他球类项目的肌肉耐力训练中运用较多。

（2）低强度间歇循环训练。低强度间歇循环训练一般采用30%~50%的运动负荷，此时负荷所完成动作的速度适中或较慢，但应适当增加动作重复练习次数且组间间歇休息时间应少于大强度的循环训练时间。低强度间歇循环训练主要用于发展周期性运动项目的肌肉耐力，如武术套路、长跑、长距离游泳、越野滑雪、赛艇等。

相比之下，跆拳道是一种非周期多元变异结构的交手对抗项目，有其自身固有的特点和要求。在一般情况下，采用大强度间歇循环训练的方法来提高专项动作肌肉的力量耐力。当然更要根据比赛需要以及运动员的实际情况来运用低强度间歇循环训练来促进全身一般性的肌肉耐力的提高。

循环训练计划的制订，需要依据不同的问题来进行，包括以下几点。

（1）每一组循环练习需要的时间可根据具体情况来确定，例如，循环练习4种练习时，练习时间可以较短；循环练习6种练习时，练习时间可以适中；循环练习8种及以上练习时，练习时间可以较长，但无论是哪一种练习，其总时间宜持续在20~30分钟，循环练习3~5组。但在具体的练习中应充分考虑运动员的个人实际情况，其中包括训练水平、准备发展的身体部位以及身体素质等方面，之后进行分析最终确定练习的持续时间，组间休息时间以及重复的次数、组数。

（2）在安排循环训练的具体内容时，应充分考虑运动员各方面的情况，循序渐进提高身体负荷。

（3）在循环训练中，每一个练习都是预先设置好的。因此，可以同时进行运动员分组计划和运动员训练，这样可以让训练具有竞争性，不但能够调节训练氛围，还能够更好地提高训练效果。

（4）在循环练习中，要合理、全面地安排各"站"的内容，身体各个部位的肌肉群均应兼顾，通常运用下肢、上肢、腹部、背部的运动顺序。

（5）循环练习的负荷量并没有一个固定的标准，因而可以灵活地对其进行安排，也可以用准确的时间或重复次数来表示。

（三）力量耐力训练的要求

（1）在发展运动员力量耐力的同时，兼顾运动员的心血管系统和呼吸循环系统机能的提高，使之同步发展并日益完善。

（2）在进行专项力量耐力训练时，应选择与比赛时的动作速度相近的练习速度。

（3）力量耐力训练的组间间歇时间应适宜，不宜过长，应在机体完全恢复之前进行下一组练习，从而达到最好的训练效果。当运动员达到相当的疲劳程度时，为确保运动员疲劳的恢复，可将组间间歇时间稍微延长。

（4）一场跆拳道的比赛时间共分为3小局，男子每局持续3分钟，女子2分钟，经过一天若干场的比赛，直至最终确定冠、亚军，而这一天的比赛就对运动员的耐力有着极大的考验。因此，跆拳道运动的力量耐力训练要着重注意提高绝对力量的耐力。

（5）运动员坚强的意志品质以及良好的心理素质，同样是耐力训练的重要组成部分。只有这样才能保证每一次的训练有质量地完成，进而全面增强体能水平。

四、跆拳道力量训练具体方法

（一）一般力量素质训练的方法

1. 下肢力量

（1）跳绳。采用花式跳绳等训练方式来增强下肢力量。

训练要点：协调连贯，轻松自然。

（2）负重连续跳或跳障碍物。深蹲、提踵跳、跳台阶等障碍物、平地梯形跳等。

组别数量：规定时间或次数，依据不同训练任务和要求，练习6~8组。

训练要点：保持上体正直，练习时身体完全舒展。

重杠铃深蹲或半蹲。肩负杠铃进行深蹲或半蹲。

组别数量：采用70%~90%的中等重量，组数为4~6组，次数为4~6次，以最快的速度练习。

（3）负重专项技术练习。

组别数量：10次为一组，重复练习8~10组，空击练习每组约为5次。

训练要点：动作规范，启动快捷，力量完整，快打快收。

（4）各种方式的蹲跳。

组别数量：每组15~20次，重复练习8~10组。

训练要点：尽可能地跳起，保持重心稳定，减少地面接触时间。

2. 躯干力量

躯干各肌群主要发展髂腰肌、腹直肌、腹外斜肌等。

（1）负重或不负重的仰卧起坐（两头起）。

组别数量： 每组30次左右，重复练习6~8组。

训练要点： 动作规范，快起慢落。

（2）固定腿的仰卧起身（一头起）。

组别数量： 每组20~30次，重复练习6~8组。

训练要点： 动作规范，快起慢落，负重适度。

（3）俯卧挺身（背肌一头起）。固定腿部，可徒手也可负重练习。

组别数量： 每组20~30次，重复练习6~8组。

训练要点： 确保动作质量，身体向后上尽可能伸展。

（4）立卧撑收腹跳。可徒手也可负重练习。

组别数量： 每组15~20次，重复练习6~8组。

训练要点： 卧撑时双腿同时向后伸，屈膝收腹到胸前，动作要快速连贯。

（5）仰卧举腿（直腿或屈腿）。可徒手也可负重，直腿时双腿同时起落，也可交叉上下起落；屈腿时，30°斜角做左右蹬腿练习。

组别数量： 每组20~30次，重复练习6~8组。

训练要点： 双脚悬空，尽可能贴近地面进行。

（6）收腹举腿。悬垂于肋木，直腿，上举双腿。可徒手也可负重练习。

组别数量： 每组10~20次，重复练习6~8组，可根据具体情况适当增加或减少。

训练要点： 双腿上举过头，大腿贴近胸部，快起慢落。

（二）专项力量素质训练的方法

1. 跆拳道运动中最大力量训练

（1）静力性力量训练方法。肌肉在紧张用力时其长度不发生变化的力量训练即为静力性力量训练，又称等长收缩训练。通常运用较大重量的负荷以递增重量的方法对提高静力性力量具有良好的效果，如站桩练习等。静力性力量训练对运动员伤后恢复阶段的训练最为合适。

（2）动力性力量训练方法。动力性力量训练法是一种克服重量进行训练的方法，通过运用克服重量的方式使肌肉紧张。

（3）极限强度法。极限强度法由保加利亚功勋教练阿巴杰耶夫所创造，因而又被称为"保加利亚法"或"阶梯式训练法"。保加利亚举重队之所以能在20世纪70年代的世界举坛崛起，很大程度上源于采用了这种训练方法。在练习强度方面,极限强度法有着极高的要求,在每周、每天、每个项目的训练中都要求与本人当天的最高训练水平接近或达到甚至超越,然后将负荷分两次各减少20斤,各做两组。从重量的提升到重量达到最大值,然后再逐步递减。这种方法在计划允许的时间范围之内,做得越多,效果越好。

(4)极端用力法。极端用力法对举重运动员尤为适用,其能深刻而全面地影响运动员肌群的结构和机能,从而大幅度提高举重成绩。实践证明,极端用力法对发展最大力量极为有效。

跆拳道运动是一种开放性、多元变异组合结构的临场对抗交手项目。在比赛中,双方运动员都始终处在运动中,只能在频繁的调动、移动、调整中寻找时机。因此力量训练中,特别以最大力量训练为跆拳道训练的基础,能够为其提供充沛的体能,保证其在不断移动中能够快速地打出有力一击。

2. 跆拳道运动中快速力量训练

(1)上肢力量的训练方法有如下5种。

①俯卧撑。屈臂时使胸部与地面接触,伸臂时肘关节完全伸直。

组别数量: 每组15~20次,重复练习8~10组。

训练要点: 确保动作质量,快速连贯。

②杠铃屈臂。杠铃的重量在3~5千克为宜,以肘关节为轴做两臂的屈臂动作,到两肘完全屈收,将杠铃横置锁骨部位,再放松伸臂至大腿前。

组别数量: 每组10~15次,重复练习6~8组,可根据实际情况增加或减少。

训练要点: 确保动作质量,保持躯干正直。

③卧推杠铃。选取极限重量60%~70%,将两臂伸直,与肩部同宽,双手正放松屈肘,举杠铃至胸前,但不能与胸部接触,然后双臂用力上举,至伸直位置。

组别数量: 每组6~10次,重复练习6~8组,可根据实际情况增加或减少。

训练要点: 确保安全,动作连贯。

④爬绳或爬杆。室内长度约5米,锻炼力量的灵活性和耐力性。

组别数量: 上下为一组,重复练习6~8组。

训练要点: 确保安全,身体尽量保持平衡,控制摆动幅度。

⑤负重拳空击。选取1~2千克的哑铃,各种跆拳道的拳法组合的空击练习。

组别数量: 每组20~30秒,重复练习8~10组。

训练要点: 确保动作质量(以拳法规范为标准),快速、有力、连续。

（2）躯干各肌群的训练方法有如下7种。

①仰卧起坐（两头起），徒手仰卧起坐。

组别数量：每组10次，重复练习6~8组。

训练要点：确保动作质量，快速无停滞。

②仰卧起身（一头起），徒手仰卧起身。

组别数量：每组10次，重复练习8~10组。

训练要点：确保动作质量，快速连贯，一气呵成。

③站立负重左右转体，体前屈，肩负杠铃杆做左右转体，体前屈。

组别数量：每组10次，重复练习6~8组。

训练要点：旋转时，身体要保持正直，体前屈时注意腰部不要成弓形。

④立卧撑，徒手做立卧撑。

组别数量：每组8~10次，重复练习6~8组。

训练要点：确保动作质量，大腿快速蹬伸与收腹。

⑤负重仰卧举腿，小腿缚1千克重沙袋，做仰卧举腿。

组别数量：每组8~10次，重复练习6~8组。

训练要点：快速连贯，保持角度。

⑥高抬腿，徒手，左右交替做高抬腿。

组别数量：每组6~10秒，重复练习8~10组。

训练要点：动作要快速连贯，身体正直，大腿尽量贴近胸部。

⑦左右提膝，徒手，左右交替做提膝动作。

组别数量：每组6~10秒，重复练习6~8组。

训练要点：动作要快速连贯，身体正直，大腿尽量贴近胸部。

（3）下肢力量训练方法有如下5种。

①负重深蹲或半蹲，负极限重量的30%~50%的杠铃，做深蹲或半蹲。

组别数量：每组8~10次，重复练习5~7组。

训练要点：确保安全，重心垂直，快速完成。

②单脚或双脚十字跳，以十字为中心，前后左右无规律跳动。

组别数量：每组10~15次，重复练习8~10组。

训练要点：身体重心稳定，快速移动。

③低桩纵跳，选取低桩或橡皮绳，高度为30~50厘米，间隔50厘米设一桩，单、双腿重复跳跃。

组别数量：20米为一组，重复练习15~20组。

训练要点： 身体重心稳定，快速跃过，触桩重来。

④台阶跑，徒手或负重，依据训练不同，选择1、2、4、6级及以上楼梯，做台阶跑。

组别数量： 一次往返为一组，重复练习5～10组。

训练要点： 动作要快速、迅捷，充分休息后重复练习。

⑤沙袋、橡皮条的腿法训练，选取1千克重沙袋，小腿缚橡皮条，然后迅速去除负重进行腿法的练习。

组别数量： 每组为负重6次、徒手3次，重复练习10～12组。

训练要点： 确保动作质量，快速完成腿法踢击练习。

（4）站点式间歇训练法。站点式间歇训练法是将若干个练习动作编为一组，每个练习时间不超过20秒，然后间歇10～20秒再进行下个动作的练习，如此循环。

训练要点： 所选动作应该简单，并能够快速完成，在练习时，要确保每个动作都是最快速度完成。同时要严格控制练习时间，尤其是每个动作间的间歇时间，在每个循环练习后应进行充分的休息。此外，练习可以是专项素质的配置也可以是专项技术动作的配置，如不同腿法的串联。

（5）结合力量的快速反应综合性训练。这类练习是利用手靶、脚靶、沙袋等辅助器材，并结合专项技战术动作进行的速度、技能与反应的训练。具体有以下5点。

①手靶练习。由教练或同伴手持手靶，运动员对手靶进行攻击，练习时，可以先从固定靶开始，逐步过渡到结合步法的自由靶。

②脚靶练习。在击打的过程中，练习者应采用不同的方法对脚靶进行击打，在练习者击打某一个同伴时，站在该同伴旁边的手持拳靶的同伴要主动向练习者攻击。也就是说，练习者在完成击打的过程中，还要迅速反应防守，躲避未被击打的同伴反击。脚靶练习可用来培养运动员防守反击的能力和临场应变能力。

③变换练习。"半次攻击"是指在攻击途中突然停止然后继续攻击。"半次攻击"的优点在于可以诱使对手进行防御，从而识破对手的防御方法，进而自己可再突然继续之前的攻击重创对手。"半次攻击"也可以是故意做出迟缓的动作或缓慢前进，使对手放松警惕。还可以是先用快速的虚招动作，然后再以较迟缓的动作做攻击，最后可再用真实的攻击去重击对手。实际上，这类练习就是节奏变换结合假动作诱导反应训练，其目的在于动态中击打准确和掌握

动态中最大击打力量的方法。

④多个沙袋训练。将若干个沙袋放置在不同的位置，每个沙袋之间间隔约1米，训练时，运动员应快速闪避沙袋的攻击，再以最快的速度踢击沙袋。采用多个沙袋的训练方法，有助于提高运动员的快速反应能力和力量速度。

⑤自由靶练习。运用自由靶进行练习时，可以将脚靶或护具靶作为自由靶，再根据不同的训练任务安排不同的内容。若为无氧训练，则每组持续时间为10秒，以腿法为主，重复多次快速无间歇的踢击。若为有氧训练，则每组持续2分钟，结合步法、防守动作的腿法踢击，多次重复练习。

3. 跆拳道运动中力量耐力训练

（1）有氧耐力训练。进行有氧耐力训练时，主要采取强度小、负荷时间长的运动项目进行练习，如以下5种练习方法。

①4000~12000米匀速跑。将心率控制在150次/分左右，保持匀速跑完全程。

②越野跑。在一些环境较好的地方进行30分钟以上的越野跑，如公园、山川等地方，将心率控制在150次/分左右。利用环境调节心情，降低疲劳感。

③10分钟跳绳。利用跳绳进行耐力练习。在10分钟内保持跳动频率不变，但可变跳动方式，进行单脚跳或双脚跳。

④10分钟组合踢法动作练习。运动员练习已掌握的技术组合，持续10分钟。既练习动作的熟练程度，又练习耐力素质。

⑤三对一或四对一的车轮战。运用此练习方法时，练习者在限定强度和力度的前提下与3位或4位陪练逐一对抗，每人3分钟，进行一轮次或两轮次的实战练习。

（2）无氧耐力训练。在进行无氧耐力训练时，通常采用负荷时间短、练习密度大、间歇时间短的练习方法，以下就是几种常用的无氧耐力训练方法。

①400米、800米变速跑。

②30米、60米、100米冲刺跑。

③跳木马提膝——左、右侧滑步扶地。

④两人一组短时脚靶练习，每组练习时间控制在10秒以内。

⑤左两次、右两次横踢30次（中、高）。

⑥左右横踢50次（中、高）。

⑦单腿横踢（50次、40次、30次、20次、10次）递减法（中、高）。

⑧跳踢（50次、40次、30次、20次、10次）递减法。

4. 跆拳道运动中核心力量训练

跆拳道运动中核心力量的训练主要是指通过创造一个不稳定的外部环境来对神经肌肉系统的平衡和控制能力进行训练。通过核心力量训练，能够使跆拳道运动员身体在频繁的移动中更加稳定。由于跆拳道运动的动作难度较高，幅度较大，因此，在快速运动中实现平衡至关重要。核心力量训练并不是一蹴而就的，它的提高需要一段较长的时间。跆拳道运动员的核心力量训练主要是针对核心区域，通过核心力量训练，使运动员的浅层大肌肉群以及深层小肌肉群得到进一步的发展。核心力量训练的整个过程分为核心稳定性训练阶段、核心力量训练阶段和核心爆发力训练阶段。对跆拳道运动员来说，可通过徒手练习和器械练习来进行核心力量训练。

（1）徒手练习。在核心稳定性训练阶段，运动员要对核心部位用力以及如何有效控制身体进行充分的体验，为后续的训练奠定基础。

①仰卧起手抱膝举腿。仰卧起手抱膝举腿对腹直肌、髂腰肌、阔筋膜张肌、缝匠肌、股直肌的训练具有良好的效果。练习时，可重复练习3~4组，每组练习的持续时间控制在15~20秒。

②仰卧提臀抬腿。仰卧提臀抬腿对腹直肌、股直肌、阔筋膜张肌、竖脊肌、臀大肌、长收肌、股薄肌、髂腰肌、缝匠肌、股二头肌的训练效果比较明显。练习时，可重复练习4组，每组15次。

③仰卧踢腿。仰卧踢腿对腹斜肌、髂腰肌、臀大肌、阔筋膜张肌、三角肌的训练具有良好的效果。练习时，可左右各重复练习3~4组，每组15~20次。

④侧卧肘关节支撑顶髋。侧卧肘关节支撑顶髋对腹斜肌、臀大肌、三角肌、竖脊肌、股二头肌的训练能取得较好的效果。练习时，可左右各重复3~4组，每组15~20次。

⑤屈臂侧卧内收腿伸手支撑。屈臂侧卧内收腿伸手支撑对腹外斜肌、腹内斜肌、棘肌、髂肋肌、短收肌、长收肌、大收肌、股薄肌的训练效果较好。练习时，可重复练习3~4组，每组15~20秒。

（2）器械练习。相较于传统力量训练器械，核心力量训练器械器材具有自身的创新性和独特性，如瑞士球、悬吊器械、博速球、拉力带等。瑞士球的稳定性很差，在利用瑞士球进行核心力量训练时可以刺激核心部位不同肌肉群之间协作用力，进而实现身体的平衡。在瑞士球上进行核心力量训练主要有以下5

种方法。在核心力量训练阶段,应循序渐进,使核心区域的核心力量得到逐步提高,进而为核心爆发力训练奠定基础。

①仰卧两脚拉瑞士球。仰卧两脚拉瑞士球对三角肌、臀中肌、臀大肌、背阔肌、竖脊肌、肱二头肌、股直肌、髂腰肌的训练效果较好。练习时,可重复练习3~4组,每组15~20次。

②仰卧单腿压瑞士球交叉腿。仰卧单腿压瑞士球交叉腿对臀大肌、臀中肌、三角肌、腹外斜肌、背阔肌、竖脊肌、腹直肌、股二头肌的训练效果较好。练习时,左右腿交换,重复练习3~4组,每组15~20次。

③侧卧单肘支撑夹球。侧卧单肘支撑夹球对腹外斜肌、腹内斜肌、髂腰肌、三角肌的训练效果较好。练习时,左右各重复练习3~4组,每组15~20秒。

④俯卧瑞士球单臂单腿支撑。俯卧瑞士球单臂单腿支撑对三角肌、肱二头肌、肱三头肌、竖脊肌、臀大肌的训练效果较好。练习时,重复练习3~4组,每组15~20秒。

⑤两腿压球单臂支撑。两腿压球单臂支撑对三角肌、斜方肌、竖脊肌、臀大肌、肱二头肌的训练效果较好。练习时,可重复练习3~4组,每组15~20秒。

(3)专项练习。在核心爆发力训练阶段,应将训练的重点放在发展核心区域爆发力上,为专项训练奠定基础。

①仰卧屈腿夹球转髋。仰卧屈腿夹球转髋对髂腰肌、臀大肌、臀中肌、臀小肌的训练效果较好。练习时,可重复练习3~4组,每组15~20次。

②一人抱球,另一人对抗,全身协调用力。练习时,可重复练习3~4组,每组15~20次。

③单腿弓步滑行。单腿弓步滑行对臀大肌、股直肌的训练效果较好。练习时,可重复练习3~4组,每组15~20次。

五、跆拳道力量训练中易忽视问题

(一)重下肢轻上肢

腿法是跆拳道运动中运用最多的,因此,在具体的力量训练过程中,很多教练员都将训练的重点放在了下肢肌肉力量的训练上,对上肢肌肉力量训练则有所忽视。正是由于这种现象的存在,使得一些跆拳道运动员的上肢肌肉远不如下肢肌肉发达、有力。事实上,上肢力量在跆拳道实战中也是不可缺少的,因此，在训练过程中，上肢肌肉的训练应与下肢训练协调进行，只有这样才能更好地发挥技术水平。

（二）重向心轻离心

向心收缩和离心收缩是跆拳道运动的两个重要方面。肌肉向心收缩对加快出腿速度和重心移动的速度具有促进作用。在比赛中，运动员的进攻一旦失利就必然会造成重心不稳，这时，运动员就需要通过克服极大的惯性进行制动，保持身体重心的稳定。而肌肉的离心工作就在这个控制身体重心的过程中起着决定性的作用。因此，在跆拳道运动训练中，除了重视肌肉的向心收缩训练外，还应兼顾肌肉离心收缩训练，做到启动和制动速度相结合、踢靶训练和空踢训练相结合。

（三）重主攻腿轻支撑腿

在跆拳道运动的日常训练中，有些教练员往往只重视主攻腿的力量训练，而对支撑腿则几乎不进行训练。这是因为主攻腿和支撑腿所做的工作分别是动力性和静力性，动力性工作的功能很容易引起人们的注意，而静力性工作的功能则较为隐蔽。事实上，运动员在进攻时其支撑腿也起着非常重要的作用。例如，在保持身体重心、维持膝关节处于伸位方面，支撑腿的股四头肌要承受很大的力量；在提高身体向心重力方面，支撑腿、小腿、三头肌要努力提踵。因此，对支撑肌力量的练习也是日常训练中必不可少的。

第二节　速度素质训练

运动员快速完成动作的能力，是跆拳道的速度素质。在跆拳道中，速度尤为重要，具有不可替代性。从某种意义来讲，速度不仅仅是运动员的专业技能，更是体能的中心，所有的体能都表现在不同形式的速度上。综合性力量和速度的最高强度水平，决定了跆拳道速度的实效性。而其所表现的强度是由发展高强度的力量素质和速度素质及在完成具体动作条件下它们的综合性反应能力决定的。速度能力是跆拳道技能、战术动作在比赛中能否自如运用、充分发挥、获得预期效果并最终赢得胜利的根本保证。

一、速度的分类

多变性和复杂性,是跆拳道比赛中速度能力的具体体现。

(一)反应速度

反应速度是指人体对外界信号刺激所做出的应答能力。反应速度的快慢直接反映了神经冲动在神经系统中传导速度的快慢程度。速度的简单反应和复杂反应属于跆拳道运动中的反应速度的两个方面。运动员对特定动作或信号做出反应的快慢即是简单的反应速度,而复杂反应速度则是对对手动作的变化做出相应动作的反应快慢。在跆拳道比赛中,复杂反应速度是主要的反应速度,并且是瞬间选择性的反应,例如,对来自对手的动作做出闪避、退让、反击或中止已经开始的进攻或防守。此反应过程包括对移动目标的预判性反应和快速选择最适宜的相应动作的反应。

(二)动作速度

动作速度,指的是运动员完成一个动作和一组动作使用的时间长短。动作速度是机体完成动作的整体快速能力的外在表现。运动员出腿、出拳的动作速度是跆拳道运动中动作速度的集中体现。"以快制胜、以智取胜",是跆拳道比赛的一大特点,因此,良好的动作速度能力对运动员赢得比赛非常重要,具有良好的单个或组合动作的快速完成能力是运动员进行先发制人的进攻和后发制人的反击,以及攻防的衔接转换和进退闪躲的步法移动的前提。

(三)动作频率

动作频率,指的是一定时间内可以达到的动作数量。运动员展现出来的这种技能,不是周期性项目的单一动作重复,而是表现为多个不同动作的组合。如拳法与腿法的组合、步法与腿法的组合以及真假动作的组合等都是动作频率的具体体现。而相对来讲,动作频率的要求很高,需要在相当短的时间内完成整个动作组合,达到最高级别的动作频率。

(四)位移速度

一定时间内,身体转移距离的长短能力和身体移动一定距离使用时间的长短能力即是位移速度。在跆拳道比赛中，运动员每次的位移距离虽然不长，但对位移速度要求较高。要保证在远距离时能够"进得去"，占据有利的攻击位置并迅速发出动作；或在进攻后、相持状态时能够迅速地"撤出来"，摆脱对手的反击或追击，位移是身体整体的多方位的移动，在其他条件不变的情况下，步法与身体的协调配合是位移速度快慢的关键。

二、速度训练的练习强度及量的安排

（一）负荷强度

选择合理的负荷强度对速度训练具有促进作用。运动训练专家博姆帕认为，在训练时将强度控制在最大强度，能够有效地提高速度能力。也就是说，发挥速度最大能力的90%～100%来完成相对较短的时间的运动，可以提高速度能力，这是普拉托诺夫的观点，他认为这种速度的最大能力的发挥对于提高速度能力来说是最有效的。

需要注意的是，在选择时，应对运动员已经熟练掌握且运用自如的动作来进行大强度甚至是极限的速度练习，这样可以使运动员专心于他们即将完成的动作的速度性，而无须担心动作的准确性问题。

（二）练习时间与组数

在进行反应速度练习和两人配合反应练习时，要依据自身的具体情况来确定练习的持续时间。也就是说，无论何种情况，如果运动员的心理状况是兴奋的、正常的，就可以持续训练。对于动作速度和动作频率来说，在训练的时候，为了保持最大的速度能力，通常将练习持续时间定在5～20秒。在跆拳道训练实践中，单个腿法的快速重复练习、步法与腿法固定组合的快速重复练习或自由组合动作的快速练习，每组的练习时间在10～20秒。在维持最大速度能力的前提下来确定练习的组数。当出现疲劳时，速度会随之降低，则应进行组间休息或改为其他练习内容。

（三）组间间歇

在任何一种反复多次的训练中，合理地安排组间间歇时间，才能确保运动员恢复到最佳状态。在进行快速练习时要根据训练的强度和目的来安排组间休息时间,一般为2~3分钟。合理地控制组间休息时间不仅能确保运动员从疲劳中恢复,而且不会影响下一组的训练效果。

三、发展速度训练常用的训练方法

(一)信号反应法

运动员通过观察和听,来达到相应的指令,就是对信号的反应。这种方法是为了增强运动员简单反应速度的能力。比如,教练员说出了需要操作的指令以后,运动员就会在最短的时间内完成这项指令匹配的相应动作。再比如,在进行移动练习的时候,教练员发出相应的哨声,利用哨声指示运动员做出相应的动作。

(二)运动感觉法

视觉对于跆拳道来讲,具有很重要的作用,它可以让运动员准确判断出对手的攻击方式、攻击方向和攻击技术,还可以分析出攻击的路线和攻击的角度。从视觉判断到做出反应是一个非常复杂的过程,是建立在信号练习法的基础之上的有针对性的专项运动感觉训练的方法。从严格意义上讲,运动感觉属于运动技术、战术训练的组成部分,是对抗性技术、战术训练的重要内容。其核心在于缩短思维过程的选择、判断时间。因此,在运用运动感觉法进行训练时,应重视对运动员的"预判"能力的培养,使运动员善于从对手的外在刺激中找出"隐式信息",如对手的姿势、面部表情、动作预兆和假动作等。对各种应对动作进行训练,使运动员尽可能多地掌握应答动作的种类和数量。在跆拳道训练中,运动感觉法对复杂反应过程的训练非常重要,通过运动感觉法能有效提高运动员观察对手动作变化的反应能力和选择反应能力。

在具体实施过程中,运动感觉法可以分为以下3个步骤。

(1)两人配对锻炼,通过对方的出腿形式来判断对方做出的动作的形式、角度、运行轨道、抬腿高度和攻击的部位。经过锻炼,可以有效增强运动员对"隐式信息"的判断能力,即"预判能力"。

(2)在(1)的基础上,对同伴做出来的腿部或者手部动作,给予相应的简单的或者相匹配的回应动作,用来保护自己或者攻击对方。

（3）待运动员完全熟悉了一个特定的动作的常规反应动作后，可以锻炼另外一些回馈动作，这样的操作可以让运动员熟悉一个特定动作应该回馈的正确的防卫和攻击，来保护自己攻击他人。从而提高运动员在复杂多变的比赛中选择反应的能力，准确地选择有效的行动对策。

（三）重复训练法

在提高跆拳道运动员动作速度和动作频率的训练中，通常采用重复训练法。一般情况下，重复训练法需要规划出第一高和第二高的动作速度的目标。而且，还需要规划锻炼的时间、程度、高度，之后再对这个规划好的动作或者组合动作进行多次锻炼。除用于提高速度能力外，还可以用于改善运动技能和技术动作。在经过多次的重复练习后，才能使技术动作形成稳固的动力定型。

从很大程度上来说，完成动作的强度和最大限度动员机体机能的能力决定了运动员速度性练习的效果。所以，只有充分激起运动员的锻炼主动性，让运动员把锻炼的集中力完全聚集在用最快的速度完成规定的动作技能方面。最好是利用自身的最大速度能力来完成指定动作，只有这样才能获得最大的训练效果。

（四）变换训练法

变换训练法是指在动作速度锻炼中有计划、有目标地更改速度和加速度，来适应对方的攻击速度和方式，也可以更改锻炼的环境和需求，然后按照合适的比例和步骤相互结合在一起的锻炼方法。经过更改锻炼形式，可以使运动员在训练中获得调节，避免出现因长时间单一训练形成有碍速度能力提高的动力定型和"速度障碍"。当运动员出现动力定型和速度障碍后，原有的训练方法和训练强度所能取得的效果就会非常有限。

"速度障碍"就是由于在速度练习时反复进行某一动作的练习而形成的，这种多次重复的练习形成了动作的动力定型，使动作的各种指标相对稳定，使动作的空间特征和时间特征都相对稳定，间接使运动员在不自觉的情况下出现维持原有的动作练习速度的现象，进而对动作速度的进一步提高产生阻碍作用。在跆拳道运动的训练实践中，如果出现了动力定型和速度阻碍，经常会依靠外部锻炼再经过混合锻炼来更改动作形式和动作速度。

1. 外力训练法

这种锻炼方法是利用外部力量来增强动作速度的锻炼方式。例如，一般性训练中的下坡跑、追逐跑、顺风跑、"领跑"等；还有增加一定负荷的专项动作的练习，如先进行一组负重沙袋的腿法练习，然后去掉负重进行相同腿法练习等，都有利于突破原有的速度定型模式。通过利用这些辅助的、自然的外部条件，赋予动作加快速度的力量，使动作速度加快，从而改善和提高神经系统的灵活性。

2. 变换速度法

变换速度法是指在一组练习中，以不一样的速度来做出规定时间内的锻炼。用新的锻炼方法来增加对运动员的激励，让运动员体验全新的速度形式，随之改变运动员身体上和精神上的双重动力，让中枢神经系统和神经肌肉重新调整机制，来配合全新的动作需求。相较于单一的极限强度训练，变速训练法的形式比较多，能够使运动员更轻松省力地完成技术动作。因此，变换速度法是一种有目的、有计划地提高速度能力和预防"速度障碍"的有效训练方法。

（五）节奏引导法

这种方法指的是教练员利用不同的方式发出指令，来命令运动员做出相应的速度动作，这些指令方式包括拍掌、吹哨和节奏器鸣响等。运动员做出相匹配的动作，包括步法、腿法和拳法，还包括一个或者多个动作。在锻炼之初，最好使用中速动作来锻炼，然后逐渐把动作速率加快，直到达到最快水平。在锻炼的时候，为了脱离疲惫状态，运动员需要通过声音喊叫来激发潜能，鼓舞士气。教练员也可以语言和行为来刺激、鼓励运动员以最快的速度来完成每一组练习，提高训练效果。

四、速度训练的要求

（一）速度训练应与专项训练高度结合

训练时二者相结合，对于跆拳道运动来说，更应侧重于视觉反应速度的练习。

（二）速度训练应在训练课的前半部分进行

在进行速度训练时，运动员应具有充沛的精力、饱满的情绪以及强烈的欲望。所以，速度训练应安排在课程的前半部分。

（三）速度训练应采用极限强度

速度训练是一种在一定有氧代谢基础上的以极限强度的无氧代谢为主的活动。通过一定的有氧代谢的训练，可以提高体内含氧量及输氧能力，进而促进机体的恢复。

（四）应防止过早产生速度障碍

在速度训练的过程中，"速度障碍"是一种常见的现象。如过早发展绝对速度、技术动作不合理、基础训练不够、训练手段单调片面、心理感觉无新意刺激、负荷过度且恢复不好等，都会产生速度障碍。因此，进行速度训练时应注意以下4点。

（1）优先发展一般耐力，奠定发展专项速度耐力的基础。

（2）多采用一些发展速度力量的练习手段，提高运动员在短时间内快速用力能力。

（3）在采用"极限负荷强度"练习时，应特别注意肌肉的放松训练。

（4）当出现"速度障碍"时，应积极采用外力手段予以突破。

五、跆拳道速度训练的具体方法

（一）反应速度训练方法

1. 简单动作反应速度的训练

这种训练方法指的是按照动作的技能规定来做出一个或者多个动作的协调锻炼。从这个锻炼的方面来说，运动员对于锻炼技能的熟练程度越高其反应速度越快。在具体的训练过程中，主要运用以下几种方法来提高跆拳道运动员的简单动作反应速度。

（1）移动目标训练

这种锻炼方法是先对运动员的观察力进行训练，让运动员可以准确判断运动客体的位置和方向，然后经过深入锻炼、专业培训，锻炼出高度严谨敏锐的观察力。

（2）摸肩训练

这种训练方式的客体是运动员和陪练，两个人训练的时候，陪练碰触运动员的肩膀后，运动员快速做出攻击和防卫的动作反应。

（3）任意靶训练

这种方式的练习道具是脚靶，教练利用这个道具，对运动员进行训练，方式是更换脚靶的位置，以训练运动员的动作反应速度。

（4）号令训练

锻炼者听到对方或者施令者的口号后，做出相应的快速动作。比如，运动员在背对施令者的时候，一旦听到口号，就需要快速转身、快速奔跑。

（5）防守反击训练

这个训练进行的时候，依靠的是陪练的腿法攻击，练习者针对腿法攻击形式做出防守动作，包括防守反击和直接反击。比如，进行脚靶训练的时候，根据脚靶的角度和高度做出快速的反应，做出合适的、正确的防卫和进攻。当陪练做出左横踢进攻动作时，迅速利用跳换步接后踢反击。在练习者攻击后，教练员或者同伴可以用脚靶进行反击，让运动员迅速做出防守，并做好再次进攻的准备。

2. 复杂动作反应速度的训练

（1）专项训练

在运动员的反应速度达到一定程度后，就可以进行专业的锻炼项目。进行专业锻炼的时候，经常使用以下3种方法。

①分解法。动作完成比较简单的情况下，分解法比较适用。分解法把动作的速度进行拆分，来增强动作的反应速率。

②变换法。这种方法主要是利用动作锻炼的不同程度，一定时间内变换信号形式，来做出不同的锻炼和动作速度以及反应速度。

③比赛法。在跆拳道运动中，比赛法是一种合理增加动作反应速度的形式。只有通过实战才能证实所选动作的正确性和有效性。因此，在教练员提前制定好的锻炼目标下，在对战和竞赛中进行实战练习，这样可以加强运动员对于复杂动作的反应能力。

（2）空当训练

陪练和锻炼者在双方对战的时候，陪练可以在任何时候把得分点告诉锻炼者，锻炼者根据得分点情况做出相应的动作反应。

（3）假动作训练

这种方法可以让锻炼者的对手做出错误的动作和反应，此时锻炼者可以迅速做出攻击，打击对手。在这个训练进行的时候，需要预先对假动作和反应速度以及攻打动作做出一定的约束，防止发生错误动作和伤害，待到动作熟练以后，再渐渐发展成为各种形式的假动作、反应速度和击打速度。

（二）动作速度训练方法

在运用动作速度训练法时，可连续使用不同特性的多个动作和动作组合做出专业锻炼，慢慢形成快速的动作反应。通过动作速度训练，能有效地加强不动作的速度。这样就可以从本质上增加动作的速率。

1. 垂直跳起

从慢跑开始，尽可能地向上跳起，注意膝盖的上抬，一条腿落地后继续从地面跳起。

2. 向外跳跃

向外跳跃与垂直跳跃很相似，只是脚要横向地落到正常落地位置的外侧，身体要向外摆，向上、向前。

3. 向内跳跃

向内跳跃和向外跳跃很相似，只是脚要横向地落到正常落地位置的内侧，身体要向内摆，向上、向前。

4. 提臀练习

从慢跑开始，位置较低的腿要往回抬并离开臀部。位置高的腿不要移动太多，但脚后跟要碰到臀部。

5. 高抬腿练习

将膝盖抬高到一个较高位置上，把脚放下再抬起。这一练习的重点在于脚蹬地并迅速抬起以尽力减少脚与地面的接触。在地面上，要尽力将脚提高到膝盖的高度。

6. 下压腿练习

像跨栏一样，腿在身前伸展，运动员运用爆发力下压腿和地面接触。每条腿做10次为一组。

7. 非洲舞练习

在向前跑时，运动员把腿抬起，小腿向后踢并接触身体，用手拍一下脚后跟。跑30米为一组。

8. 击脚练习

在向前跑时，运动员把脚向内旋转到身体的中线，并在中线时用手拍脚后跟。跑30米为一组。

9. 牵引练习

（1）用带子将长度为6~7米的橡胶带的一端系在运动员的腰部，再将橡胶带的另一端系在另一运动员或其他固定物体上。运动员拉紧橡胶带并在拉力下以3/4全速往前跑，直到他们能调整和掌握平衡为止。

（2）在拉力的作用下，运动员带着橡胶带向固定物体方向跳，每次练习重复四次，两次以3/4全速跳，两次以全速快跑。在另外三次速跑中，运动员每次另加后跳5~8次的练习，以增强拉力和速度。

10. 负重法

在运用负重法进行训练时，练习者可以穿上重量在5~10千克的辅助器具，如沙护腿、沙背心等，然后再进行训练。在负重练习熟悉之后，再去掉负重进行练习，这样有助于动作速度的提高。

11. 比赛法

在比赛时，运动员的兴奋性很高，较容易出现最大速度。因此，可以利用多种比赛来对运动员动作速度进行训练，如选拔赛、测验赛、邀请赛、对抗赛等。

12. 击打训练

练习者在规定的时间内快速击打沙包或脚靶，在保证完成动作质量的情况下，完成动作次数越多，效果越好。

13. 组合动作训练

在进行组合动作训练时，练习者可以根据规定动作进行练习，例如，前腿下劈—右腿抢踢—旋风踢—后旋踢，通过组合动作训练能有效地促进单个速度和变化速度的提高。

14. 冲刺跑训练

不同距离的冲刺跑，如40米和60米等。还有不同距离的下坡跑，如30米和50米等。

15. 阻力训练

运用阻力训练时，将皮筋的一端系在运动员的踝关节上，另外一端和器材绑在一起，之后迅速做出提膝出腿的动作，或者是等到发出动作指令以后再做出相应动作。

（三）位移速度训练方法

1. 信号位移训练

在做这个训练时，需要给锻炼者指明各个信号表示的意思，比如，陪练做出往前的指示，锻炼者就要做出往后退步的动作，陪练做出往左的指示，锻炼者就应该做出往右的动作。

2. 综合性位移训练

这个训练方式需要锻炼者和陪练相互配合，比如，一个人做上步，另一个人做退步，一个人做左上步，另一个人做右上步。

3. 实战训练

采用这种方法训练的时候，陪练做出腿法击打，然后锻炼者对腿法做出相应的反应。保护自己的同时攻击对方。

4. 转身加速跑训练

在做这个训练的时候，运动员需要先做出原地高抬腿的动作，抬腿的同时原地转圈3～5个，与此同时迅速做出加速跑的动作，或者根据信号指令开始加速。

5. 跳绳训练

在做这个训练的时候，锻炼者需要在一定的时间内迅速将规定的数量完成，经过一段时间的训练之后，再慢慢增加难度。在保证动作质量的前提下，尽可能多地完成跳绳次数，以便获得更好的训练效果。

6. 减阻训练

减阻训练需借助一定的外部条件，如果条件允许，则可进行一些更高难度的锻炼。

第三节 耐力素质训练

所谓耐力素质，指的是人体经过长时间运动可以承受的压力程度，或者对抗身体疲惫压力的能力。耐力素质在很多项目中都非常重要，而跆拳道运动就是其中一项，甚至对耐力素质的要求更高。在进行跆拳道比赛时，一天的比赛任务很重。因此，必须要具有良好的耐力素质才能满足比赛的需要。此外，耐力素质训练除了能较大程度影响肌肉耐力和心血管机能外，对身体器官和肌肉的恢复速度也具有关键性影响。因此，耐力素质越强大，疲劳后恢复的速度越快。

一、耐力训练的分类

耐力训练可以分成不同的类型，包括有氧、无氧耐力训练，还包括体力方面的训练。

有氧耐力是指在氧供应和氧消耗两头平衡的情况下，锻炼者可以对抗疲劳压力的能力。有氧耐力水平越高，跆拳道运动员所能承受的运动量负荷越大，越能抵抗运动疲劳，运动员的有氧耐力素质越高，其身体恢复能力也越强。

无氧耐力是指人体在供氧不足并产生氧债的情况下克服疲劳的能力。在人体中，肌肉保持机能活动水平不变的持续运动能力对无氧耐力有着直接的影响。非乳酸能和乳酸代谢系统的供能能力保证了跆拳道运动员技术动作重复高强度运动的工作强度，机体对酸性物质的耐受能力则保证了其技术动作不变形。

体力与无氧耐力和有氧耐力不同，其主要由心脏的最高机能水平和心脏对高强度运动的适应能力决定的，跆拳道运动员的肌肉机能水平决定了其在进行短时、高强度运动时的运动强度，肌肉只有能在进行高强度的腿法、步法工作后快速恢复，才能够保证再次运动的强度。在整个恢复的过程中，心脏的最高机能活动水平起着决定性作用，如果心脏对高频变化强度运动的适应能力越强，那么心脏在重复高频变化强度的运动中，保持最高机能活动水平的能力也就越强，也就能完成更多次数的高强度腿法、步法和拳法。

二、耐力训练的训练强度和量的安排

（一）练习强度

有氧耐力训练的练习强度宜控制在运动员最大速度能力的50%~70%，运动心率可以控制在140~170次/分，如果运动心率低于130次/分，那么就难以取得较好的训练效果。

无氧耐力训练的练习强度宜控制在运动员最大能力的90%~95%，也可以根据具体情况采用从次最大强度至最大强度交替运用的方法。

（二）持续时间

有氧耐力训练的持续时间与训练阶段、训练水平等因素有着直接的关系，因此，在具体的训练过程中，应根据不同的训练阶段、不同的训练水平和专项训练的需要程度来确定训练的持续时间，但原则上不少于20~30分钟。

在进行无氧耐力训练时，如果训练的强度高、密度大、间歇时间短，那么训练的持续时间宜在10~30秒（也可以5~8秒，但应重复较多组数）。

（三）间歇时间

进行有氧耐力训练时，对间歇时间的把握非常重要，间歇时间既不能太长也不能太短，如果间歇时间过长，后面的锻炼就无法正常进行。在锻炼过程中，可以利用心率来平衡休息时间的长短，如果心率降低到120次/分，则进行下次练习。

进行无氧练习时，可根据强度的大小来确定组间的间歇时间，通常3~5分钟是最合适的，因为这个时间能够让积累的乳酸进行氧化和排泄，一旦运动员体能恢复，就可以进行下一次锻炼。

进行体力锻炼的时候，适当减少休息时间，能够让身体机能和跆拳道比赛的特点相互匹配，通常以30~50秒为宜。

三、耐力训练的方法

（一）提高有氧能力的训练方法

1. 长时持续训练法

长时持续训练法是指运动员以比较恒定的强度持续不间断地进行长时间练习的方法。在跆拳道运动中，进行长时持续训练的时间一般为20分钟左右，负荷强度的运动心率指标约为150次/分。这样有利于心脏机能活动水平不变的持续活动能力的提高，进而发展运动员有氧代谢系统的供能能力。

2. 短时持续训练法

短时持续训练法的持续时间一般为5~8分钟，负荷强度的运动心率指标控制在160次/分，完成2~3组，组间间歇时间充分，通过短时持续训练能有效地发展有氧强度状态下的供能能力。例如，以原地跳跃配合全身各部位运用动作的有氧跆搏操、跳绳、结合攻防动作的组合空击等。

3. 有氧间歇训练法

在发展运动员有氧代谢系统的工作能力方面，有氧间歇训练法比较常用。这一练习方法的负荷时间为6~10分钟，负荷强度的运动心率指标为170次/分左右，组数较少，间歇充分，例如，间歇跑400~1000米。

（二）提高无氧能力的训练方法

1. 极强性间歇法

极强性间歇法在提高非乳酸能和乳酸能系统混合供能能力和速度耐力中运用较多。例如，60~100米的间歇跑、100~400米的间歇跑和具有专项特点的快速高抬腿、快速左右提膝和快速的连续双飞踢等。

2. 强化性间歇法

强化性间歇法在发展乳酸能系统的供能能力和提高在无氧供能状态下技术动作的稳定性和实效性中运用较多。例如，将腿法、步法、拳法结合在一起形成自由动作组合来击打沙包或脚靶的练习。

（三）提高体力的训练方法

1. 12分钟跑

12分钟跑在提高运动员心脏最高机能水平方面能取得较好的效果。在进行12分钟跑练习时，要求运动员在12分钟内达到2800~3000米距离，随着训练水平的提升，慢慢拉长距离。

2. 变速跑

这种训练方法能提高心脏对高强度运动的承受能力。在进行变速跑练习时，可采用先快跑20~40米，接着进入40~60米的慢跑，如此重复6~10次，完成2~3组，组间充分休息或恢复不充分。

3. 模拟比赛的练习

通过模拟跆拳道每局比赛的时间特征、运动强度变化特征和运动形式特征，将攻防动作组合成不同类型的动作，以空击、踢击脚靶或护具靶等为主要形式进行反复的练习，以促进机体对跆拳道比赛供能机制和运动强度等特定条件的适应能力的提高。在一般情况下，模拟比赛练习的持续时间为3~5分钟，重复3~4组，间歇1~3分钟。也可以采用车轮战的形式，由一人轮战几人进行条件实战或实战比赛，在对抗中发展运动员比赛所需的体力。

4. 极限强度的重复训练

在跆拳道比赛中，技战术动作都是在短时间内完成的，每次攻击持续时间短、爆发力强，攻防转换很快。因此，在进行训练时，要采用等同甚至超过比赛时的要求的方法。例如，三种腿法形成固定的组合动作，以最快的速度在规定的时间内完成最多的练习次数。练习时间10~15秒/组，组数为3~5组，间歇时间要充分，以保证下一组的练习。

四、耐力训练的要求

（一）遵循能量代谢系统规律

不同耐力素质其供能形式是不同的，要提升人体的短时耐力水平，就一定要增强人体的无氧代谢功能。要提升人体的中时耐力水平，就一定要提升人体的有无氧混合功能的水平。

（二）中时耐力的能量供应方式呈多元化

在供能方式上，中时耐力比较常用，其运动项目也非常多。因此，中时耐力的训练方法也非常多。所以，在具体训练时，应仔细分析、认真规划、科学安排负荷。

（三）高度综合的技术训练

从跆拳道的特点来看，其负荷强度、运动形式以及能量的供应方式并没有一定的规律，因此，在进行耐力训练时，应在有氧训练的基础上进行无氧耐力训练。

（四）以发展有氧耐力为基础

在进行耐力训练时，以发展有氧耐力为基础，在此基础上发展混合代谢供能能力和无氧代谢能力。同时，在确定训练重点时，应充分考虑负荷时间与能量消耗的关系。

五、跆拳道耐力训练的具体方法

（一）有氧耐力的训练方法

有氧耐力可采用持续训练法及间歇训练法。在采用持续训练法时，宜选用运动强度较小的练习方法，心率控制在145~170次/分。"渐进的极限负荷"原则是发展有氧耐力时应遵循的原则，也就是说，要想获得更大的耐力，就应根据训练水平的提高来增加身体负荷。

需要注意的是，在训练中不可盲目地选择高强度的运动，否则必然会事倍功半。运动强度与持续时间是此消彼长的关系，运动强度较低，能持续的时间越长，但又不能充分发挥人体的呼吸——循环机能，也就必然会影响有氧代谢系统的发展；运动强度过高，虽然其持续的时间变短了，但有可能改变人体的供能特点，且没有凭据证明无氧过程有助于发展有氧耐力。

因此，在进行有氧耐力训练时应选择合理的训练强度。心率可作为表明适合训练负荷的一种标准。在运用间歇训练法时，通常选择维持在最高心率上下10次范围内的运动强度，每周安排3~5次，每次练习3~5分钟，其中组间间歇为3~5分钟或少于3分钟。

1. 越野跑

在自然环境中进行越野跑，运动中控制心率为150次/分，时间为30~60分钟。

2. 台阶跑

选取连续长台阶，每组进行15~20分钟，共做2~3组，组间休息3~5分钟。

3. 跳绳训练

采取匀速方法跳绳。保持频率不变，可变换跳动方式，每组进行10~15分钟，共做2~3组，组间休息3~5分钟。

4. 空击及脚靶训练

采用多种进攻和防守技术动作进行练习，要求动作快速、连贯、协调、间歇时间短。每组时间为2~3分钟，每次训练做5~8组，间歇时间为1分钟。

5. 三对一或四对一车轮战

练习者一人连续不间断地与体力充沛的队员进行实战，通常应连续进行3~5局，每局2~3分钟，每局间歇1分钟。

（二）无氧耐力的训练方法

无氧耐力训练强度应在80%～90%。一次训练持续时间为1～2分钟，训练的组数应确保运动员最后一组练习也能以规定的负荷强度完成。训练中心率应在170次/分钟以上。

1. 60～100米、100～400米间歇跑

此方法在提高非乳酸能和乳酸能系统混合供能能力和速度耐力中运用较多。

2. 间歇法专项技术训练

间歇法专项技术训练主要包括以下6种。

（1）提高提膝训练。

（2）快速连续双飞。

（3）左右横踢50次。

（4）左两次、右两次横踢30次。

（5）单腿横踢递减法。

（6）跳踢递减法。负荷时间为15～60秒。

3. 脚靶训练

三人一组脚靶练习，主要训练方法有如下6种。

（1）前后腿中高位横踢各10次。

（2）劈腿前后各30次。

（3）后踢20次。

（4）后旋踢20次。

（5）旋风踢20次。

（6）双飞踢20次。负荷时间为1～2分钟，每次训练做3～6秒。

4. 模拟实战

模拟实战主要有以下3种方式。

（1）移动脚靶4分钟为一次，间歇40秒，第二次重复前面的两次，间歇20分钟，共2～4次。

（2）1分钟为一次，进行4组，两人循环无间歇；40秒4组，两人循环无间歇。

（3）车轮战，采用实战或条件实战，由练习者一人连续与不同的同伴进行对局，连续打3～5局，每局间歇1分钟。

第四节 柔韧素质训练

跆拳道运动要求动作转换迅捷,击打动作幅度大、速度快,因此,对运动员的四肢、腰、肘等部位和关节的柔韧素质要求很高。如果运动员的柔韧素质不高,那么必然会影响跆拳道技能的发挥以及其他方面的发展,运动损伤亦是极易发生的情况。因此,柔韧素质在跆拳道运动中极为重要。

一、柔韧训练练习强度与安排

(一)练习强度

柔韧性的好坏主要体现在运动员拉伸肌肉、韧带时用力的程度和负重量的大小。在日常训练中,运动员通常以自我感觉来控制拉伸肌肉。当肌肉感到肿胀时可以稍加用力或是保持用力程度,当肌肉感到酸痛时可减少用力的程度,当感到麻木时则停止训练。

(二)练习时间与组数

在进行柔韧素质训练时,应根据练习者的性别、年龄、关节特点以及动作的性质和速度来决定练习的重复次数、组数及持续时间。

一般情况下,在一堂课的训练中每组练习重复10~12次,摆动动作每组练习持续时间为15秒左右,被动训练静力性拉伸持续时间为2~3分钟。少年练习者的运动量应是成年人的25%~50%。

(三)动作的练习速度

在做柔韧训练的拉伸练习时,速度可急可缓,急速的拉伸则体现了跆拳道项目的特点和竞赛特点。慢速的拉伸有利于对抗肌的放松,较少引起牵张反射,因而其训练效果较好。在跆拳道柔韧训练中,应有机结合慢速和急速,满足比赛对柔韧性的各种要求。

（四）间歇时间

在进行柔韧训练的拉伸训练时，所确定的间歇时间应能保证训练者的疲劳恢复。间歇时间要安排肌肉及关节放松训练。

跆拳道运动员的体能训练非常复杂，想要通过训练使其各种身体素质都能得到发展，相互促进、形成合力非常困难。因此，在跆拳道运动员进行训练时，应当清楚各种素质训练之间的关系及目的，正确运用训练方法。

二、柔韧训练的方法

（一）静力拉伸法

这种方法指的是利用徐缓的动作，把肌肉和韧带等软组织拉伸到一定程度的时候，停止拉伸，保持静态，让软组织保持拉伸的效果不更改的训练方法。通过静力拉伸法训练，能使软组织的伸展性获得较好的锻炼，进而促进身体一般柔韧素质的提高。

（二）动力拉伸法

这种方法指的是按一定规律用反复的、相同的动作进行锻炼，让软组织慢慢地被拉伸的一种锻炼形式。人体肌肉张力变化的高峰值在主动性拉伸时是静力拉伸的两倍。动力拉伸法能够最大限度地发展柔韧素质，扩大动作伸展幅度。

无论是动力拉伸法还是静力拉伸法，都可以分为主动训练和被动训练两种方式。主动训练是运动员依靠自己的力量完成拉伸练习，例如，自我进行劈叉、横叉，以及各种压腿等维持最大幅度拉伸的静力练习等。被动静力拉伸是借助外力，如队友帮助，进行压腿、劈叉、横叉的练习等。

三、柔韧训练的要求

（1）适当结合力量训练。将柔韧训练与力量训练相结合，不但可以保证两者素质同时增长，而且可以避免或消除两者之间的不良转移。此外，在进行柔韧性训练后，不要让肌肉长时间处于紧张状态，而应适当地将肌肉放松，这样才能有效地发展肌肉柔韧性。

（2）以满足专项要求为准则。对跆拳道运动员来说，不宜过分地追求柔韧素质的发展，只要满足技术需求即可。若过度发展，那么肌肉就会失去弹性，击打缺少力度。

（3）持之以恒坚持不懈。柔韧性的发展见效慢，需要持之以恒，否则容易消退。因此，柔韧素质训练要经常进行，尤其是专门柔韧素质训练更需如此。

四、柔韧训练的具体方法

（一）正压腿

正压腿在发展腿部后侧肌肉的柔韧性方面效果较好。

具体方法：面对横木或一定高度的物体站立，将一腿提起，把脚跟放在横木上，脚尖勾紧；两手扶按在膝关节上，将两腿伸直，腰背挺直，髋关节摆正，上体前屈并向前、向下做压振动作。左右腿交替进行。

动作要点：两腿都要伸直；上体向前、向下压振时腰背要直。压振时幅度由小到大，直到能用下颏触及脚尖。

（二）侧压腿

侧压腿在发展腿部内侧肌肉的柔韧性方面效果较好。

具体方法：侧对横木或有一定高度的物体，一腿支撑，另一腿抬起，脚跟放在横木上，脚尖勾紧；将两腿伸直，腰背保持直立，髋关节正对前方，然后上体向放在横木的腿侧倾倒压振。左右腿交替进行。

动作要点：上体保持直立，向侧、向下压振；压振幅度逐渐加大，髋关节一直正对前方。

（三）后压腿

后压腿在发展腿部前侧肌肉的柔韧性方面效果较好。

具体方法：背对横木或有一定高度的物体，一腿支撑，另一腿向后举起，脚背放在横木上，腿和脚背都要伸直，上体直立，髋关节正对前方，上体向后仰并做压振动作，左右腿交替进行。

动作要点：两腿挺膝，支撑腿直立且全脚着地站稳；挺胸、展髋、腰后屈；后压振幅度逐渐加大。

（四）盘腿前俯

盘腿前俯在发展腿部后侧肌肉和髋关节的柔韧性方面效果较好。

具体方法：两腿屈膝盘坐，两脚掌相对，两手握住两脚，上体前俯用力下压，感觉大腿内侧韧带拉伸至最大幅度时还原，还原后再次重复，交替进行。

动作要点：脚掌要相对，尽量把髋关节打开至最大幅度。

（五）仆步压腿

仆步压腿在发展大腿内侧和髋关节柔韧性方面效果较好。

具体方法：两脚左右开立，左腿屈膝全蹲，全脚着地；右腿挺膝伸直，脚尖内扣，尽量远伸。将身体重心从左脚移至右脚，成另一侧的仆步。可一手扶膝，另一手按另一膝，向下压振。也可两手分别抓住左右脚，做向下压振和左右移换身体重心的动作。

动作要点：挺胸塌腰，下振时逐渐用力，左右移动时要低稳缓慢。开胯沉髋，挺胸下压，使臀部和腿内侧尽量贴近地面移动。

（六）竖叉

竖叉在发展大腿前后侧和髋部柔韧性方面效果较好。

具体方法：将两腿前后分开成一条直线，前腿的脚后跟、小腿腓肠肌和大腿后肌群压紧地面，脚尖勾紧上翘，正对上方；后腿的脚背、膝盖和股四头肌压紧地面，脚尖指向正后方；髋关节摆正与两腿垂直，臀部压紧地面。上体正直。可做上体前俯，压紧前面腿的前俯压振动作，也可做上体后屈的向后压振动作，增大动作难度和拉伸幅度，动作幅度由小到大，逐渐用力。

动作要点：挺腰直背，沉髋挺膝；前俯勾脚，后屈伸踝。

（七）横叉

横叉在发展大腿内后侧和胯关节柔韧性方面效果较好。

具体方法：将两腿左右一字伸开，两手可辅助支撑；两腿的小腿后侧着地，压紧地面，两脚的脚跟着地，两脚尖向左右侧伸展或勾紧，胯充分打开，成一字形。可上体前俯拉长腿后侧肌肉并充分开胯；也可上体向左右侧倒，拉长大腿内后侧肌肉并增大胯的活动幅度。

动作要点：挺腰立背，开胯沉髋；挺膝勾脚，前俯倾倒。

第五节 灵敏素质训练

在跆拳道运动中，灵敏素质综合体现了运动员的反应速度和动作速度。具有高度的灵活性是跆拳道运动员完成高难度动作或组合动作的保证，因此，发展灵敏素质具有非常重要的意义。

一、影响因素

（一）生理因素

1. 神经过程的灵敏性的提高

通过反复练习，不但可以使动作更为熟练，而且能提高大脑神经传输过程的兴奋和抑制的转化能力，进而使大脑的神经传输过程的灵活性得到有效的提高，使运动员无论在何种环境中都能熟练地表现技术动作。

2. 条件反射形成后的强化

灵敏素质的巩固和提高，需要不断地对动作进行练习和强化，使之形成"动力定型"。如果在动作掌握之后还不能增强，不仅条件反射会慢慢减退，就连灵敏度也会慢慢下降。

3. 前庭器官的机能增强

前庭器官分布在人的内耳中，如椭圆囊、球囊和半规管，前庭器官的作用在于感受直线加速和减速运动的刺激以及旋转运动开始和终止时的刺激。因此，练习一些特定动作有助于灵敏素质的发展。

（二）年龄、性别

1. 年龄

在人的不同年龄阶段，身体各器官的发展是不同的。例如，在0~7岁，主要是平衡器官获得发展；在7~12岁，灵敏素质获得稳定提高。在这一年龄段中，动作频率、反应速度及单个动作速度都能通过体育锻炼获得提高；在13～15岁，人体身高增长较快，灵敏素质相对下降，但随年龄增长又稳定提高，直至成人。

2. **性别**

身体素质在同一年龄段的不同性别之间也存在一定的差别。例如，在儿童时期，男女之间的灵敏度相差无几，但是到了青春期，男孩就比女孩更加灵敏了，过了青春期，男子的灵敏度就比女子高出很多。女子一旦到了青春期，灵敏度就会随着体重的上升而下降，有氧能力也随之降低，而且会随着身体内部的相应变化等生理原因出现而下降。因此，对女子来说，在青春期以前进行灵敏素质训练就显得尤为重要。

（三）疲劳程度

人体的中枢神经系统的灵敏度和人体的运动强度会伴随着身体疲惫的出现而慢慢下降。如果人体感到疲惫，大脑皮质吸收到的能量就会慢慢消退，这个时候会形成维持性抑制，一旦抑制出现，肌肉得不到运动指令，就会反应缓慢，行动迟缓，最后造成速度减慢，动作不协调，导致灵敏度降低。

（四）情绪

情绪的波动对灵敏性有着直接影响。情绪高涨时，灵敏度上升，而当情绪低落时，灵敏度会随之下降。

（五）运动经验

实践证明，灵敏素质会随着掌握基本技术的增多和熟练而提高。因此，应不断增加运动员的实践经验，增强身体素质以及战术动作技能来提高灵敏素质。

二、提高灵敏度的主要手段

根据教练员发出的信号或手势做急跑、急停以及各种步法练习来进行灵敏度的相关训练。

各种变化方向的追逐性游戏。

通过针对腰、骨盆、髋部的核心力量训练，提高运动员的平衡能力、调节运动的控制能力，这样不但能有效地提高灵敏素质，还可以有效预防运动损伤。

通过组合练习提高灵敏度。

通过软梯训练可以使运动员的神经肌肉的传递性提高，进而有效地提高灵敏素质。

三、跆拳道灵敏素质训练的具体方法

（一）一般灵敏素质练习

一般灵敏素质练习的具体方法有如下5种。

（1）15米往返跑1分钟，间歇1分钟，重复练习8～10组，发展蹬腿发力的动作速度、步法移动变换能力。

（2）翻滚30秒，间歇30秒，重复练习4～6组，发展背肌、腰腹部肌肉的协调能力和遭重击后身体抗击打平衡能力。

（3）跳背钻裆1分钟，间歇1分钟，重复练习4～6组，发展上肢关节、腰腹部肌肉、膝关节抵抗目标的反作用力。

（4）十字蹦跳1分钟，间歇1分钟，重复练习2～4组，发展下肢耐力、脚踝膝关节小肌群力量，以及步法移动变换能力。

（5）5米三向折返跑1分钟，间歇1分钟，重复练习6～8组，发展运动员连续蹬腿、转腰出腿等身体屈伸动作时肌肉群的协调能力。

（二）专项灵敏素质练习

1. 盯人与摆脱练习

两人面对面站立，相距1～2米，摆脱者向前跑，盯人者后退跑，前者在跑动中要通过做各种假动作来想办法越过对手，后者则要尽力盯住对手，练习要尽全力。

2. 蛇形绕杆跑

杆数为15～20根，杆距1米，要求在规定时间内跑到终点。在结合专项练习时，可以将杆子换成拿脚靶的队员，5个运动员左右交叉拿5种不同跆拳道腿法的脚靶分两列站立，前后左右相隔1米，其他运动员在最短时间内有效完成这5种腿法并迅速回到起点。

3. 灵敏循环练习

跆拳道的比赛区一般为8米×8米的正方形蓝色垫子，在比赛区域外均铺有至少一块红色或黄色的垫子。教练员选择四个运动员，每人拿两个脚靶依次站在最外侧红色或黄色垫子的四个角落处，随机选择一个角落作为起点，要求运动员顺时针或逆时针以最快速度完成，先完成起点的脚靶腿法，然后在完成第二个脚靶腿法之前先在垫子上完成教练员的规定动作，如前滚翻、匍匐前进、蛙跳、鸭子步等，以此类推直至回到起点。当运动员可顺利完成此项训练时可加大难度，要求规定时间内完成。或把四个角的固定脚靶改为随机变换脚靶以提高运动员的反应速度及灵敏素质。

4. 软梯训练法

软梯训练能够有效地提高运动员的灵敏素质。在进行软梯训练时，通常选择中等或中等偏上的运动强度，持续时间为10～20分钟，1～2次、2～3组，每组之间有充分的间歇时间，使运动员得到完全恢复。要求心率达到150～180次/分，动作完成既轻松又协调。具体可采用以下3种方法进行训练。

（1）直线方向训练法。两腿伸直跳、内跨步向前交叉跳、内跨步向后跳、两腿前交叉向前（向后）跳、左右碎步往前（向后）跑、刹车跑、剪刀式向前（向后）跳、框内外向前（向后）小步跑、单腿蹬跳、转髋跳、后交叉步单脚前（后）移等。

（2）水平方向训练法。水平方向训练法有交叉分腿平移、平行侧移高抬腿、平行前后侧移步、快速踏框分腿平移、侧向前后跳、臀部扭转侧移跳、侧向左（右）腿跨步跑、卡里奥克舞、分腿垫步横向跑、左腿前交叉垫步跳、侧向前后并步分腿跳、单腿侧向跳、单腿侧向前后跳等。

（3）直线方向和水平方向结合训练法。常用的有并腿向前跳、并腿向右后跳、宽跨步后踢腿向前（后）跳、前交叉向前（后）跑、左右跨步向前（后）跑、Z形单腿后踢向前（后）跳、单腿前（后）跳等。

四、跆拳道运动员灵敏素质训练的注意事项

（1）注重质量而不是数量。跆拳道灵敏素质训练对质量有很高的要求，因此，在训练的过程中要严格按照要求进行，注重训练的质量。

（2）负荷量、强度和间歇时间。跆拳道灵敏素质训练的强度和速度较大，因此，在具体的训练过程中，不宜盲目地贪多，应控制训练时间。同时，应依据个人特点和所处训练阶段的不同来选择适当的训练强度，并且在训练时要合理安排间歇时间，既要使运动员得到完全恢复，又能保持神经的兴奋性，通常

练习与休息的时间比可安排为1∶3。

（3）准备活动要充分。灵敏素质训练宜在课的前半部分或在充分的准备活动后进行，在这两个时间段，运动员的神经兴奋性高，肌肉未疲劳，能有效地保障练习强度和训练质量。

（4）抓住灵敏训练的敏感期。在进行跆拳道灵敏训练时，对训练比重的安排应根据不同年龄段的灵敏素质发展规律进行，6~12岁提高平稳；11~12岁是最适宜发展灵敏素质的时期，在青春期后要注意对灵敏素质的保持和进一步发展。

（5）在进行灵敏训练时不能长时间地使肌肉处于紧张状态，要使肌肉适宜地放松，只有这样才能使身体在运动过程中保持良好的动态平衡，运动员的动作则会更加放松、协调和准确。

（6）重视力量训练。力量是灵敏训练的重要基础，在训练的开始阶段要先发展强大的力量和爆发力，通过提高力量和爆发力，能使灵敏素质训练获得更好的训练效果，同时又能有效地预防损伤。

总而言之，灵敏素质对跆拳道运动员来说非常重要，其对多种运动技能和身体素质在运动中的综合表现有着直接的影响，与其他素质共同决定了人体运动的能力。

第七章　跆拳道品势

跆拳道品势（又称"型"），是指练习者以技击为主要内容，通过攻守进退的动作编排，达到强身健体、培养意志的一种练习形式。它与中国武术的套路相似，即将一定数量的动作编排起来，形成固定模式的套路。跆拳道的品势有许多种，基本品势有太极、高丽、金刚等。练习者通过品势的练习，可使身体各部位得到较为全面的训练，并能有效地增强体质。跆拳道品势中的太极共有八章，是有段者应掌握的基本品势。

第一节　跆拳道品势概论

一、跆拳道品势的基本理论

（一）跆拳道品势的定义

品势是根据基本动作把防御和攻击作成套路来练习的训练体系。品势是假设真实格斗，当对方攻击时反击的技法。即先定好对方的攻击，利用适当的技术练习的一种训练体系。品势按修炼者的实力与级别来分配，一种品势可由20～30个技术动作组成。品势的名称有着很重要的意义，品指的是"模样"，势指的是"气势"。从名称不难看出品势不只是外在技术动作，更要体现其动作的内在气势。

（二）跆拳道品势的分类

跆拳道按其内容分为规定品势和自创品势。规定品势是由国技院指定的，在跆拳道修炼过程中必须练习的品势，分为黑带以下修炼品势（太极一章～太极八章）（八卦一章～八卦八章）和黑带修炼品势（高丽、金刚、太白、平原、十进、地跆、天拳、一如）。规定品势是品级审查时作为考试内容的指定品势；自创品势是把跆拳道技术按照自己的想法改编的品势。

(三)跆拳道品势的哲学思想

跆拳道品势蕴含四项基本哲学思想。

(1)防御思想。防御是通过使用有效的方法应对敌人攻击的一项对策。防御是由敌人逼迫产生的,但是作为大规模的行动,防御也可以由自己主动产生。品势通常是始于格挡止于进攻。

(2)东方思想。跆拳道品势包含东方思想,太极、八卦和高丽等思想在品势中都有具体的动作体现。

(3)反复修炼。品势是一个被精心设计的,独自根据一系列的基本动作来练习的训练系统。训练者通过无数次的重复练习,身体可以成为自动反应系统。完全掌握一种品势,需要无数次反复的修炼,才能看破每一个动作的技术性意义及哲理达到自我化的境界。

(4)动态冥想。品势训练是一个动态冥想的过程,目的在于通过统一呼吸和动作来达到身心合一的状态。动态冥想能够加快内气修炼并且舒缓精神状态,可以帮助训练者获得优雅的行为和心理。

(四)跆拳道品势训练的重要性

跆拳道品势训练没有对手,毫无危险性,是一项非常安全的体育活动。近年来,品势训练被看作是一项有利于健康的锻炼。品势训练可以帮助训练者自由活动身体和四肢,具有生理作用。越来越多的人关注通过持续品势训练来保持心理和生理的健康。

品势训练是一条为了实际应用而学习面对面的格斗技术的途径。品势训练意在通过不断地重复进攻和防守技术,帮助训练者把已经学习到的技术运用到实际情况中,从而在紧急情况下保护自己不受侵害。

(五)跆拳道品势训练暴露的问题

在跆拳道品势训练和比赛中,一些练习者暴露出相当大的问题,具体概括为以下几点。

第一,原理。练习者缺乏对于品势中每一个技术动作及相关特性的理解,对于品势的技术内容和特性的理解层次非常低。

第二,视线。在品势训练中,如果视线、手和脚在同一时刻不同步,或者在做出下一个动作之前提前转头，这时由于已经向对手表明了自身的技术，对手会更快准备反击。此外，一些练习者在集中注意力时会闭眼，这样会由于看不见物体而摔倒。

第三，姿势。一些练习者由于重心移动，不能保持平衡，造成了准确性、速度方面的问题。另外，练习者的基本姿势过大，这样会使转动缓慢并且浪费不必要的体力。最后，练习者在品势训练中弯腰并且当重心移动时又反弹直腰，这样很有可能失去重心和准确性。

第四，手的技术。首先，一些练习者的手在击打最终点时太放松。其次，练习者忽视了格挡手的动作，而重视随后的攻击技术。再次，练习者过于放大品势动作中拳头与道服摩擦所发出的声音。最后，品势练习者的肩膀上下移动会造成身体重心的不稳定，因此导致准确性、速度、敏捷性以及力量等问题的发生。

第五，脚的技术。一些练习者在他们踢腿的最后时刻，在空中保持腿的时间过于长，这样在实际格斗中会被对手抓到。而且，落地时发出很大的声音，不易快而顺利地连接下个动作。此外，一些练习者把腿踢得太高，攻击目标超出了自身的范围，很难把握准确性和平衡。

第六，力量。一些练习者在动作的准备阶段过于用力，破坏了动作的准确性、速度等。此外，有的跆拳道品势练习者先转身体再做下一个动作，当他们弯曲身体再还原时，并没有用身体的弹力而是用胳膊来完成的。

第七，呼吸。很多练习者在动作之间的衔接上对呼吸的控制能力很弱。他们打品势就像是机器人一样，虽然看起来很有力量也很强壮，但是这样错误的呼吸方式会对身体造成伤害。

二、跆拳道品势的特点

（一）动作简练，招式工整

跆拳道品势的动作比较简单，往往是将单个技术动作加以提炼后编排在整套品势中演练。跆拳道品势的技击属性相对淡化，而表演属性相对强化，因此要求动作工整、方正，循规求矩，招法清楚、准确。动作过程要顺达自然，潇洒自如，绝不可潦草。

（二）左右对称，阴阳合宜

跆拳道品势的每一章、每一套在动作数量上是左右对等的，在技术动作上也是左右对称的，这种阴阳合宜体现出跆拳道品势的变化。阴阳既是矛盾双方的对立，又是统一和转化。跆拳道品势在技术上讲求出有回势，回有出势，实出而骤回，疾入而闪打，使人防不胜防。

（三）以气促力，刚柔相济

无论是品势还是竞技跆拳道，都要求练习者在气势上胜出，多以发出洪亮并带威慑力的声音来显示自己的能力。跆拳道品势技术动作的起落、转换都要求配合呼吸，随着动作的变化自如运行，不能强作吞吐。还有就是各个动作之间不能有间歇的空隙，练习者要做到"形断意连""势断气连"，善于运用内在的心志活动，通过眼神把前后动作的意向连接起来，使动作贯穿一气。练习者在发力上既不可纯柔，也不可纯刚，要刚柔相济。正所谓"纯柔纯弱，其势必削；纯刚纯强，其势必亡；不柔不刚，合道之常"。

（四）归原还位，礼始礼终

以准备势开始，又以准备势结束，是自然界回归现象在跆拳道品势中的体现，反映了跆拳道运动"始终归一，循环往复"的精神原理。练习跆拳道的人非常讲究礼仪精神，在训练中礼节贯穿始终。跆拳道要求练习者练习技术的同时，在道德修养方面也要不断提高自己。练习者通过不断向长辈、教练、老师、队友鞠躬施礼，养成发自内心的行礼习惯，树立恭敬谦虚、友好礼让的态度和互相学习的作风，并培养其坚韧不拔的意志品质。

三、跆拳道品势发展

跆拳道2000年正式成为悉尼奥运会的比赛项目，随后发展成了一项世界综合武术运动。但是跆拳道品势项目直到近年才引起人们的注意。早在1992年韩国跆拳道协会通过举办HANMADANG大会，引入了跆拳道品势比赛，此后类似的品势比赛一个接一个开始举办，而且形式从规定品势、自创品势到有氧品势、健身品势。欧洲跆拳道协会于1985年在土耳其举办，欧洲跆拳道锦标赛第一次把跆拳道品势作为比赛项目。此后品势比赛作为该项比赛的正式项目一直举办到现在。美国跆拳道协会在20世纪90年代将跆拳道品势设立为美国国际比赛的正式项目。2006年世界跆拳道联盟将跆拳道品势作为世界比赛的正式比赛项目，第一届跆拳道品势世界锦标赛在首尔奥林匹克公园成功举办。2009年跆拳道品势正式成为世界大学生跆拳道锦标赛的正式比赛项目。跆拳道品势正在逐步发展中，展现了跆拳道平和、健康的形象。跆拳道品势是动与静的结合，表现了内在能量与精神的统一。

我国从2006年开始举办全国大众跆拳道比赛，每年两次比赛，锦标赛和冠军赛各一次。每个项目的前几名都有机会入选国家品势队，代表中国参加世界品势锦标赛。目前全国各省市、自治区、直辖市都有相应的品势比赛。而且，越来越多的练习者意识到品势的重要性，积极投入品势练习。经过五届跆拳道世锦标赛，中国队每次都有收获，这对成长中的中国跆拳道来说是好事，是经过长期积淀的升华。近几年，国内大众跆拳道规范化发展速度加快，加上赛前的强化集训，参赛选手水平得到迅速提高，具备了冲金的条件。跆拳道品势不光是技术和运气的较量，更是综合素养的较量。

自创品势对于跆拳道品势发展有着举足轻重的作用。自创品势是把跆拳道技术按照自己的想法改编的品势。自创品势可以划分为基本自创品势、跆拳操、跆拳道舞蹈（体操品势、有氧品势、搏击品势、韵律品势）等几类。

跆拳道自创品势相较规定品势，既避免了因规定品势训练带来的伤害，又对人体有益，日益成为很多跆拳道品势练习者钟爱的项目。有氧自创品势对加强人体的心肺功能锻炼有一定作用。通过补充大量的氧气可以提高心脏血管的机能。

跆拳舞（跆拳操）也是自创品势的一种，是借助典雅古朴的品势形态编排成体操或舞蹈的形式，通过自由的动作和轻快的节奏激起练习者的兴致。目前多数的跆拳舞更具流行气息，与时下最劲爆的街舞相融合。近年来，国内外举办的跆拳道大赛中自创品势有着非常高的人气。中国跆拳道协会也推出了一套全国大众跆拳道比赛规定动作标准操，为广大跆拳道练习者提供了更加丰富的训练内容。

四、跆拳道品势的作用

（一）修炼意志，培养品德

为武之道，以德为本，练武习德，这是修炼跆拳道的规矩。"教家立范，品行为先""教子立身，贵在德行"。培养品德是跆拳道教育的必修课。通过跆拳道礼仪教育，培养练习者尊师重道、讲礼仪、守信用、见义勇为等品质。

（二）身心双修，增强体质

跆拳道素以"身心双修"为终极目标。通过外练可以利关节、强筋骨、壮体魄；通过内修可以理脏腑、通经络、调精神，使跆拳道修习者身心得到全面的锻炼。尤其是跆拳道的功法，注意静心守神、调气治身，对调节身体的阴阳平衡，和顺气血，改善身体机能和精神状态，起到"心身交益"的作用。

（三）掌握技击，提高防身

跆拳道是格斗类项目，具有技击的特点。通过跆拳道练习，练习者可以掌握技击方法，锻炼身体的灵活性和协调性。如果练习者坚持练习，还能增劲力，抗踢打，在身体素质和专项技术上都能得到全面的发展，从而提高克敌制胜、防身自卫的能力。

（四）交流技艺，丰富生活

品势修炼，是跆拳道爱好者以武会友、切磋技艺、交流思想、增进友谊的一种方式。同时，跆拳道品势作为跆拳道的一个重要组成部分，具有极高的观赏价值，也是运动员提高竞技水平的一种方式。跆拳道品势的精彩演练，会给观众带来健与美的感受，丰富人们的业余文化生活。

五、跆拳道品势练习注意事项

（1）每一个品势均须有开始姿势和结束姿势。

（2）严格按照品势中的正确方向和姿势进行练习，方法要准确，动作要规范，精神要贯注，意识要逼真。

（3）掌握好各个动作的不同速度及其变化。

（4）依据动作的变化及时调整好重心、控制住身体平衡。

（5）了解每个动作的用意，练习中要以意投敌。

（6）每天坚持品势练习，一次练习一种品势，待熟练掌握一种品势后，再进行下一种品势的学习。

第二节　跆拳道品势的练习方法

一、练习者注意事项

（一）树立信心

常有人说"跆拳道品势深奥，其意境的修炼需要长期的领悟"，这是忠告练习者"艺无止境"。跆拳道品势动作简单，左右匀称。只要认真学习，任何年龄、体质的人，都可以掌握它。初学者最大的困难是品势动作重复较多，转向复杂，容易顾前忘后，记手忘脚。但只要在老师的指导下，练习者树立信心，勤学多练，避免贪多求快，马虎草率，遵循基本规律，就能取得理想的成绩。

（二）持之以恒

练习跆拳道品势不能"三天打鱼，两天晒网"，其对人体生理机能的提高，对疾病抵抗力的增强，都需要经过一定时期的系统锻炼，不是练几下就能见效的。有些人因为暂时没有收到效果，或是没掌握动作要领，而感到枯燥、困难，半途而废。也有些人在锻炼过程中感到腰酸腿痛，畏难而退。对那些体质较弱和不经常运动的人来说，这是为适应锻炼需要的增强过程。发生这种情况，不要退缩，只需适当减少运动量，或者是练习时姿势放高一些，经过一段时间，酸痛现象就会自然消失。

（三）循序渐进

跆拳道品势锻炼的效果和质量密切相关。没有正确的姿势和动作，就收不到健身和医疗的功效。一旦形成错误定型，纠正起来比学习新的动作更困难。

而且学的草率马虎，一味贪多求快，几天不练也容易忘掉。所以学跆拳道品势要循序渐进地学、扎实地学，宁要少，但要好，打好基础，这样才能收效大，进步快。

（四）重视基本功

打好基础包含两方面意思：一是姿势（型）和动作（法）规范正确，做到"势正招圆"；二是基本功扎实，有良好的身体素质和专项素质。有人认为基本功训练是提高技术水平的需要，初学者不必急于投入。其实不然，学跆拳道品势先从套路入手，还是从先练基本功开始？这个问题我们不必强求千篇一律，重要的是两者不能脱节。脱离了基本功，套路不会正确，质量不能保证；没有套路，基本功也会失去方向，无的放矢。初学跆拳道品势阶段要把两者结合起来，一边练套路，一边进行必要的专门训练，如马步冲拳、弓步下截、压腿以及手法、腿法的单独操练，可以较早、较快地把握跆拳道品势要领，较好地掌握套路，减少错误，正确入门，避免走弯路。

（五）适当掌握运动量

运动量大小与练习时间的长短、动作的准确程度相关。适宜的运动量，要根据个人的体质条件来定。一般来说，练完以后，感到轻松舒适，情绪很高，说明运动量大小合适。运动量过小，身体活动不足，达不到锻炼效果；运动量过大，容易产生疲劳和运动伤害。一般健康的人练到身体出汗即可，体弱和病患者要根据医生和教练员的指导进行锻炼。下肢不能活动的患者，也可以只做上肢和腰部的基础练习。只要按照要领，坚持训练，同样会收获成果。

（六）选好练习的时间和场地

练习的时间最好安排在清晨或傍晚。清晨练习，可以帮助练习者摆脱睡眠的抑制状态，使头脑清醒，为工作和学习做好准备；傍晚练习，可以帮助练习者起到促进休息的作用。清晨和傍晚时，环境都较安静，这便于练习者集中思想。练习之后，不要马上吃饭或睡觉，最好稍平静一会儿，使运动时的兴奋状态逐渐消失。此外，工间和课余也是进行跆拳道品势锻炼的好时机。练习者最好找空气新鲜和安静的环境，避免风沙和烟雾。公园、河岸、树林和庭院都是很好的练习地方。如果在室内，最好在空气流通和有阳光的地方。练习时，练习者最好穿宽大柔软的便服或运动服，以免妨碍动作。天太冷时可戴上帽子和手套。练完以后要把汗擦干，以免感冒。

（七）做好准备活动和整理活动

跆拳道品势动作刚劲有力，因此练习前的准备活动和练习后的整理活动非常重要。准备活动是使身体进入运动状态的必要手段。身体肌肉、关节没有摆脱僵滞，大脑处于紧张思维中，练习时就难以入静和入境，这是练习者的共同体会。

跆拳道品势的准备活动包括两个方面：一是生理准备。目的是克服人体惰性和肌肉黏滞性，使运动器官从相对静止状态进入工作状态，相关的肌肉、关节、韧带活动开，运动中枢走向兴奋，以便更准确地支配动作。二是心理准备。目的是消除思维的紧张状态，使心理平静，精神集中。准备活动可采取慢跑、体操、站桩、压腿、活腰等内容。活动强度要小，但要充分认真。整理活动可以使运动器官恢复平静，消除疲劳。练习者多采取放松操、散步、活动性游戏、按摩等方式，以避免肌肉持续紧张，防止膝关节过度疲劳。有的人在练习后，习惯马上坐下来休息，这是很不好的习惯，应该改正。

二、练习步骤

一般说来，跆拳道品势的学练提高可以分成三个阶段：第一阶段是基础；第二阶段力求完整协调；第三阶段注重内外相合，形神兼备。

（一）基础阶段

写字要首先保证字形准确，练跆拳道品势也要首先打好形体基础。形体基础指身型、手型、步型、身法、手法、步法、腿法、眼法等型与法符合规格，避免错误定型。中国武术家说"学拳容易改拳难"。一旦形成错误习惯纠正会更困难，所以从学练之初就要十分注意对型和法力求规范。体的基础指体力、素质和基本功的训练，要为技术提高打好物质基础。

1. 体松心静

品势修炼要求练习者身体放松，内心安静，精神集中，呼吸自然。练习者要学会调整自己的身体，消除紧张。有些初学者，尤其是青年人，误认为认真就是多用力气，结果常常周身紧张僵硬，面红气喘，违背了跆拳道品势的特点。也有人边练边思考问题，精神处于紧张状态，影响了锻炼效果。体松和心静是跆拳道品势的基本修养。只有消除身体的紧张和思想的杂念，不断调整，控制自己的身心状态，才能进入跆拳道品势的修炼境界。

2. 立身中正

练习跆拳道品势要求：中正安舒，端正自然，与坐禅、气功的立身要领完全一致。有的人长期形成了不良习惯，练习时拱肩驼背，低头弯腰；也有人动作紧张生硬，造成身体前俯后仰，摆臀扭胯。这些都要认真纠正，在练习中应努力保持良好的体型、体态。

3. 型法准确

对每种型法的规格、要领都要清楚，一招一式力求准确。初学者不要贪多求快，囫囵吞枣，更忌照猫画虎，似是而非。实践证明，改正错误习惯比学习新动作更困难。因此从一开始就要力求准确，宁可学得少一点，也要努力做得好一点，这是最扎实、最有效的途径。

（二）熟练阶段

这一阶段要求动作完整协调，连贯圆活，如行云流水，和谐流畅，不发生"断劲"现象。这是衡量一个人技术熟练与否的重要标志。

1. 上下相随

任何跆拳道品势都要求手、眼、身、步协调配合，周身形成一个整体。初学者往往顾此失彼，手脚脱节，四肢与躯干分家，以至于运动中转折生硬，忽轻忽重。随着练习者品势技术的提高和熟练，就会表现出运动的协调性和完整性。

2. 运转圆活

动作运转圆活也是技术熟练的具体表现。就好像优秀司机驾驶车辆时尽量平稳柔和，避免冲击摇晃一样，跆拳道品势动作也要力求圆活和顺，转接自然。要做到这一点，练习者需要特别重视腰和臂的旋转：以腰为轴带动四肢，以臂为轴牵引两手，使手脚动作和躯干连成一体。

3. 动作连贯

跆拳道品势动作之间要前后衔接，不允许有明显的停顿。在教学中，为使初学者便于对照检查，常采用分解教学的方法。但是动作熟练以后，一定要消除割裂痕迹。前一动作的完成即为后一动作的开始，要做到"势断劲未断，劲断意还连"。两个动作之间，先由意念和气势衔接转换，再由腰带动四肢，由内而外，由微渐著地发生形变。

（三）自如阶段

这一阶段的重点是意念引导和呼吸配合，力求内外相合，气势统一，意领身随，得心应手。

1. 以意导体，分清虚实

练跆拳道品势自始至终要求练习者思想专一。初学时，练习者的思想只能集中于记忆动作和规格要领，其表现是精力用在手脚上。动作熟练以后，思想集中于周身协调，精力重点用在腰腿上。随着技术的提高，思想就会转入动作的虚实和劲力的刚柔运用方面，表现为精力放在意念引导动作上。就像演员最终要以情感人，塑造角色内心世界，而不能停留在形体外表上一样，跆拳道品势最终也要求"重意不重形""不在形式在气势"。

跆拳道品势表面平淡，实际上充满了变化。其表现在于动作的虚实、劲力的刚柔、拳法的蓄发、身法的开合等方面。一般说来，品势中每个动作都有起、转、蓄、发等不同的阶段。起和转的过程为虚的阶段，劲力要轻柔，身法要舒松；蓄的过程为由虚转实阶段，劲力要轻灵收缩，身法要内开外合；发的过程为实的阶段，劲力要沉稳充实，充满张力，身法要内合外开，对拉互拔。这些变化和运用，都要以意念为主导，"先在心，后在身"，意动身随，气势相合，才能得到完美体现。所以说，跆拳道品势绝不是死水一潭，而是充满着生机和变化。

2. 以气运身，气力相合

跆拳道品势初学者只要求自然呼吸，当吸则吸，当呼则呼，通畅自然，不必受动作约束。技术提高以后，练习者应该有意识地引导呼吸与动作配合，使动作和劲力得到更好发挥。这种呼吸叫作"拳势呼吸"。一般说来，当动作转实时，应该有意识地呼气，以气助力；当动作转虚时，应该有意识地吸气，以利于动作转换。所以，跆拳道品势经典理论说"能呼吸然后能灵活"。实际上，我们日常的呼吸总是与劲力运用和身体动作相配合的。随动作的起、升、伸、开，胸腔舒张而吸气；随动作的落、降、缩、合，胸腔收缩而呼气。随劲力蓄收而吸气，随劲力发放而呼气。拳势呼吸只是把这种自发的配合转成自觉的引导。因此它是积极的，超乎自然的。

那么，是否有了拳势呼吸就不要自然呼吸了呢？不是。因为跆拳道品势，不是呼吸体操，它的动作变化不是根据呼吸节奏编定的，不同的跆拳道品势套路，其呼吸次数、节奏不相同，就是同一套跆拳道品势，不同体质、年龄、技术水平的人练起来呼吸也不一致。练习时拳势呼吸只要求在主要动作和开合鲜明的动作上，其比重应该因人而异。在一些过渡动作及感到呼吸难以适应的时候，练习者仍需要自然呼吸，或采用辅助性的短暂呼吸进行调整。所以，跆拳道品势总是拳势呼吸和自然呼吸两者并用，同时辅以联系两者的调整呼吸作为过渡。

三、练习方法

根据跆拳道品势训练内容的组合特点，我们可以采用分解训练法和完整训练法来练习品势。

（一）分解训练法

在品势练习中，分解训练法主要是将完整的一套品势合理地分成若干个环节或部分，然后按照环节或部分分别练习的方法。分解训练法主要针对初学者。它可将复杂的动作套路分解成若干个练习者可以接受、易于练习的简单动作环节，从而降低学习难度，可以给练习者带来学习的信心。分解练习法可分为：单纯分解练习法、递进分解练习法、顺进分解练习法。下面针对跆拳道品势练习的特点我们依次进行分析。

1. 单纯分解练习法

即将一套完整的动作分解成若干个环节或部分。在练习者掌握各个环节或部分后再将各个环节或部分串联起来。此训练方法对所练习的各个环节或部分的顺序不作要求，主要用于高难度品势套路的学习。

2. 递进分解练习法

应用此方法练习品势时，同样需要将整套的品势分解成为难度相对较低的若干环节或部分。先训练第一部分然后再训练第二部分，之后再将第一、第二部分合练，再训练第三部分，之后再将第一、第二、第三部分合练。依此类推，直至完成整套品势动作。对于跆拳道品势这样的套路练习，此方法对各部分或环节先后训练的顺序有一定的要求。此方法的优点在于每次学习新的部分时可对前面所学的动作进行巩固，遵循了由简单到复杂、由少到多循序渐进的原则，因而被各种培训班和道馆普遍应用于教学之中。

3. 顺进分解练习法

顾名思义，是将品势套路分解成若干个环节或部分，先练习第一部分，掌握后再练习第一部分和第二部分。练习者掌握第一、第二部分后，可再将第一、第二、第三部分一起练习，依此类推直至完成整套的动作。这也是个练习跆拳道品势的好方法，也经常被培训班和道馆采用。

（二）完整练习法

对品势套路训练而言，完整训练方法主要是为那些已经初步掌握某一套品势动作，但还需要提高这套动作质量的练习者而设计的。此方法根据目的不同可以分为两类：一类是从整体上对品势的把握，主要注重整体的效果；另一类则着重提高动作的质量。在训练中，我们可以要求练习者在训练过程中停止练习，指出其错误，这样可以加深练习者对该环节的印象。

使用此方法需要注意以下几点。

1. 注重动作的力度

要求练习者能表现出跆拳道品势动作中所特有的硬朗、大方、干脆的特点。

2. 注重动作的节奏

对于跆拳道品势练习者来说，速度不是越快越好，而是要用心去领悟每一个动作的攻防含义，从整体上把握，表现出跆拳道品势所特有的节奏。

3. 协调手法腿法

将各种手法腿法融会贯通，理解每个动作在实战中的含义，这样可以加强练习者的身体协调性，从而达到事半功倍的效果。

4. 精气神的表现力

当练习者的水平达到一定程度时，他所练的不单是身体机能，很大程度上是一种精神的升华和气质的培养。什么可以表现出这种精神上的东西呢？眼睛！目可传神。所以每做一个动作时目光为先，来表现品势套路所特有的味道。

5. 动作的标准

这是最基本的也是最容易忽视的。根据运动训练学我们可将动作分为身体姿势、动作轨迹、动作时间、动作速度、动作速率、动作力量和动作节奏7个要素，但品势动作中主要注意动作的起点、止点、动作的轨迹、节奏和身体姿势。只有从整体上把握，加上细节的推敲，才能打出品势所特有的那种连续的阳刚的节奏。

四、练习手段

跆拳道品势的练习手段有许多种。按照练习者身体的姿势可分为：原地站立练习、原地坐式练习、行进间练习等手段。根据动作的结构又可分为：单一的周期练习手段和混合型多元练习手段等。本书主要谈一下平时品势练习中常用的原地站立练习手段、原地坐式练习手段和行进间练习手段。

（一）原地站立练习

主要适用于初学者。由于初学者对各种步法和手法的空间感觉、发力的大小和角度、动作的路线缺乏正确认识，所以需要利用这种原地练习的手段。同时，此手段简单易行，对场地的要求也不是很严格。按照动作的运动状态，可分为静力性练习和动力性练习。前者主要是指摆正正确的动作姿势后全身静止不动，主要是使练习者对各个动作的空间位置有一个正确的认识。后者是在前者的基础上加大难度，要求练习者重复完成某一个动作或某组组合动作，主要是使练习者掌握动作发力的大小、角度和动作的路线。

根据动作的部位，可分为手法的练习和步法的练习。前者如上、中、下格挡动作，后者如马步、三七步、猫步、弓步等。根据参与人的数量，可以分为单人、双人和多人练习。在多人练习中，正确的发声配合发力，可以提高训练的气势，从而达到事半功倍的效果。

（二）原地坐式练习

此手段主要是上体动作的练习。由于坐式不便于发力，所以练习者可以更好地练习上体动作，增加上体的协调性。此手段主要用于巩固上体的手法和动作。

（三）行进间练习

可分为步法的练习和组合的练习。

此手段是练习步法最有效的方式，是建立在各种步法腿法有一定基础上的练习手段。组合练习手段主要锻炼手法和腿法的配合，是在能正确完成单个动作基础上进行的。根据练习者的水平可以相应地编排行进间练习的组合套路，

第七章　跆拳道品势

如前踢成行走步接下格挡接冲拳、侧踢成三七步接双手刀外格挡、上步成弓步接翻背拳等。

第三节　跆拳道品势教学

品势种类可按其内容分为规定品势和创作品势。规定品势是品级审查时作为考试内容的指定品势，是由国技院指定的在跆拳道修炼过程中必须练习的品势。例如，大家练习的太极一章至八章、高丽、金刚、太白等就是规定品势。创作品势是把跆拳道技术按照自己的想法改编的品势。跆拳道的品势就是把一些攻防动作按照一定规律组合在一起的固定套路。品势练习时要求练习者熟练掌握最基本的技术动作，以便能够在跆拳道的实战和比赛中具体运用。由于品势是固定套路，熟练掌握后可以进行个人或集体的表演。

跆拳道的品势，最基本的是太极。太极是派生万物的本源，跆拳道的太极品势，是根据太极生生不息和太极阴阳之理论而创编的。因此，它的运动路线与方法遵循具有宇宙基本规律的阴阳八卦图。太极共有八章，是初学者入门和升品、段的基本套路。本节选其中的"太级一章""太极二章"等进行介绍。具体动作请用手机扫描本章后所附二维码观看。

一、太极一章

起势

1. 左手下格挡
2. 上步右手冲拳
3. 右手下格挡
4. 上步左手冲拳
5. 左弓步左手下格挡
6. 右手冲拳
7. 上右脚左手中内格挡
8. 上左脚右手冲拳
9. 左后转身右手中内格挡
10. 上右脚左手冲拳

11. 右弓步右手下格挡

12. 左手冲拳

13. 上左脚左手上格挡

14. 右前踢右手冲拳

15. 右后转身右手上格挡

16. 左前踢左手冲拳

17. 上左脚成左弓步左手下格挡

18. 上右脚成右弓步右手冲拳

收势

二、太极二章

起势

1. 左手下格挡

2. 右弓步右手冲拳

3. 右后转身右手下格挡

4. 左弓步左手冲拳

5. 上左脚右手中内格挡

6. 上右脚左手中内格挡

7. 左转身左手下格挡

8. 右前踢右弓步右手上段冲拳（人中高度）

9. 右后转身右手下格挡

10. 左前踢左弓步左手上段冲拳（人中高度）

11. 左上步左手上格挡

12. 右上步右手上格挡

13. 左后转身右手中内格挡

14. 右后转身左手中内格挡

15. 左上步左手下格挡

16. 右前踢右手冲拳

17. 左前踢左手冲拳

18. 右前踢右手冲拳

收势

三、太极三章

起势

1. 左手下格挡
2. 右前踢右弓步右左冲拳
3. 右手下格挡
4. 左前踢左弓步左右冲拳
5. 上左脚右手刀内击
6. 上右脚左手刀内击
7. 上左脚左三七步左手单手刀中外格挡
8. 左脚向前上半步成左弓步右手冲拳
9. 右后转身成右三七步右手单手刀中外格挡
10. 右脚向前上半步成右弓步左手冲拳
11. 上左脚右手中内格挡
12. 上右脚左手中内格挡
13. 左后转身左手下格挡
14. 右前踢成右弓步右左冲拳
15. 右后转身右手下格挡
16. 左前踢成左弓步左右冲拳
17. 上左脚左手下格挡右手冲拳
18. 上右脚右手下格挡左手冲拳
19. 左前踢左手下格挡右手冲拳
20. 右前踢右手下格挡左手冲拳

收势

四、太极四章

起势

1. 三七步左双手刀中位格挡
2. 右弓步右手立掌前刺
3. 三七步右双手刀中位格挡

4. 左弓步左手立掌前刺

5. 左弓步燕子手刀颈部进攻

6. 右前踢左冲拳

7. 左侧踢落地行走步距离

8. 右侧踢落地三七步右双手刀中位格挡

9. 左后转身左手中位外格挡

10. 右前踢收回原位右手中内格挡

11. 右后转身右手中位外格挡

12. 左前踢收回原位左手中内格挡

13. 左弓步燕子手刀颈部进攻

14. 右前踢右手背拳进攻

15. 左转身左手中内格挡

16. 右手冲拳

17. 右后转身右手中内格挡

18. 左手冲拳

19. 左弓步左手中内格挡右左冲拳

20. 右弓步右手中内格挡左右冲拳

收势

五、太极五章

起势

1. 左弓步左手下格挡

2. 左立步左手砸拳

3. 右弓步右手下格挡

4. 右立步右手砸拳

5. 左弓步左手中内格挡右手中内格挡

6. 右前踢右弓步右手背拳进攻左手中内格挡

7. 左前踢左弓步左手背拳进攻右手中内格挡

8. 上步背拳进攻

9. 左后转身左手单手刀中外格挡

10. 右弓步右肘横击

11. 右后转身右单手刀中外格挡

12. 左弓步左肘横击

13. 左弓步下格挡右手中内格挡

14. 右前踢右手下格挡左手中内格挡

15. 左转身左弓步左手上格挡

16. 右侧踢同时右拳拳轮横击,落地右弓步掌肘对击

17. 右后转身右弓步右手上格挡

18. 左侧踢同时左拳拳轮横击,落地左弓步掌肘对击

19. 左转身左弓步左手下格挡右手中内格挡

20. 右前踢后交叉步背拳进攻

收势

六、太极六章

起势

1. 左弓步左手下格挡
2. 右前踢收回成三七步左手中位外格挡
3. 右弓步右手下格挡
4. 左前踢收回成三七步右手中位外格挡
5. 上左脚成左弓步右手单手刀斜外格挡
6. 右横踢落地成弓步距离,上左脚成左弓步左手高位外格挡右手冲拳
7. 右前踢落地成右弓步左手冲拳
8. 右后转身成右弓步右手高位外格挡左手冲拳
9. 左前踢落地成左弓步右手冲拳
10. 左后转身双手小臂处交叉从上向下拉开,身体两侧成并排步站立(6~8拍完成)
11. 上右脚成右弓步左手单手刀斜外格挡
12. 左横踢落地弓步距离右后转身成右弓步右手下格挡
13. 左前踢收回成三七步右手中位外格挡
14. 左转身左弓步左手下格挡
15. 右前踢收回成三七步左手中位外格挡
16. 退右脚成三七步双手刀中位外格挡

17. 退左脚成三七步双手刀中位外格挡
18. 退右脚成左弓步左手单掌中内格挡左手冲拳
19. 退左脚成右弓步右手单掌中内格挡右手冲拳

收势

七、太极七章

起势

1. 左虎步右手单掌中内格挡
2. 右前踢收回左手中内格挡
3. 右后转身右虎步左手单掌中内格挡
4. 左前踢收回右手中内格挡
5. 上左脚左双手刀下格挡
6. 上右脚右双手刀下格挡
7. 上左脚成左虎步手单掌中内格挡，左臂端平辅助左拳置于右肘关节下方
8. 右手背拳进攻
9. 右后转身成右虎步左手单掌中内格挡，右臂端平辅助右拳置于左肘关节下方
10. 左手背拳进攻
11. 收左脚成并步左手抱右拳由下向上两臂放松伸直至人中高度（6~8拍完成）
12. 上左脚成左弓步剪刀格挡（左手外格右手下格）交换一次成（右手外格左手下格）
13. 上右脚成右弓步剪刀格挡（右手外格左手下格）交换一次成（左手外格右手下格）
14. 左后转身成左弓步双手中位外格挡
15. 双手平行伸出抓住对方双肩提膝上顶攻击对方腹部落地成后交叉步双手勾拳攻击
16. 退步成右弓步双拳交叉下格挡
17. 右后转身成右弓步双手中位外格挡
18. 双手平行伸出抓住对方双肩提膝上顶攻击对方腹部落地成后交叉步双手勾拳攻击

19. 退步成左弓步双拳交叉下格挡

20. 左转身，左脚迈前进步，左手背拳侧击

21. 右脚里合击掌，向前下落马步同时掌肘对击（手掌打开，四指平伸，心窝高度），视线平视行进方向

22. 右脚向前，左脚跟进为右前行步同时背拳侧击

23. 左脚里合击掌向前下落马步同时掌肘对击（手掌打开，四指平伸，心窝高度），视线平视行进方向

24. 马步不变，左手单手刀中外格挡

25. 左手沿行进方向放松平伸，收回腰间同时右脚上马步，正拳侧击配合发声

收势

八、太极八章

起势

1. 左脚迈三七步，顺势中段外侧防御

2. 左脚迈弓步，逆势正拳前击

3. 右脚中段前踢，接左脚跳起上段前踢同时发声，二段跳前踢向前移动三脚距离，下落左弓步，顺势中段防御，正拳前击两次

4. 右脚迈弓步，顺势正拳前击

5. 右脚前脚掌为轴，左后转身，左脚迈斜弓步做半山型防御（视线跟随移动方向）

6. 右脚前脚掌为轴身体向左旋转，左脚移动变为左弓步，逆势助手仰拳上击（缓慢发力）

7. 左脚从右脚前方迈出前交叉步接右脚迈出侧弓步，左手上段侧向防御，右手下段侧向防御，呈半山型防御姿势

8. 左脚前脚掌为轴身体向右旋转，右脚移动变为右弓步，逆势助手仰拳上击（缓慢发力）

9. 左脚前掌为轴，左后转身撤三七步顺势双手刀防御

10. 左脚迈弓步，逆势正拳前击

11. 右脚前踢，回落前行步，接左脚后撤前行步，右脚同时向后收为右虎步，顺势手掌中段防御（视线平视前方）

12. 身体向左旋转，左脚迈出虎步，顺势手刀防御

13. 左脚前踢，下落左弓步，逆势正拳前击

14. 左脚回收虎步，顺势手掌防御

15. 左脚前掌为轴，原地向右后方旋转，右脚移为虎步，顺势手刀防御

16. 右脚前踢，下落右弓步，逆势正拳前击

17. 右脚回收虎步，顺势手掌防御

18. 左脚前掌为轴，身体向右旋转，右脚迈出三七步，双拳下段防御

19. 左脚中段前踢，右脚上段跳前踢同时发声，下落右弓步，顺势中段防御，正拳前击两次

20. 右脚前掌为轴，左后转身270度，左脚迈三七步，顺势单手刀外侧防御

21. 左脚向前迈弓步，逆势肘横击

22. 左弓步，逆势背拳前击

23. 左弓步，顺势正拳前击

24. 左脚前掌为轴，身体向右后方旋转，右脚回收三七步，顺势单手刀外侧防御

25. 右脚向前迈弓步，逆势肘横击

26. 右弓步，逆势背拳前击

27. 右弓步，顺势正拳前击

收势

九、高丽

推岩式准备姿势起势

1. 身体向左旋转，左脚迈出三七步，顺势手刀防御

2. 右脚二段侧踢后下落右弓步，顺势手刀横击

3. 左脚弓步不变，逆势正拳前击

4. 右脚回收三七步，顺势中段防御

5. 左脚前掌为轴，身体向右后方旋转，右脚迈出三七步，顺势手刀防御

6. 左脚二段侧踢后下落左弓步，顺势手刀横击

7. 右脚弓步不变，逆势正拳前击

8. 左脚回收三七步，顺势中段防御

9. 右脚前掌为轴，左脚迈出弓步，顺势手刀下段防御接逆势虎口前击

10. 右脚前踢，下落弓步，顺势单手刀下段防御接逆势虎口前击

11. 左脚前踢，下落弓步，顺势单手刀下段防御接逆势虎口前击，同时发声

12. 右脚前踢，下落弓步，逆势助手虎口下击

13. 右脚为轴，左脚上步，同时身体向右后方旋转变为右弓步，内腕分拳中段防御

14. 左脚前踢，下落弓步，逆势助手虎口下击

15. 左脚回收前行步，内腕分拳中段防御

16. 左脚前掌为轴，右后方转身呈马步，左手单手刀外侧防御

17. 马步不变，右手正拳侧向拳掌对击

18. 右脚迈出前交叉步，左脚侧踢，转身下落右弓步，助手反手刀下段刺击

19. 左脚不变，右脚回收前行步，顺势下段防御

20. 左脚迈出前行步，顺势手掌下压防御，右脚迈出马步，右肘侧肘侧击

21. 马步不变，右手单手刀外侧防御

22. 马步不变，左手正拳侧向拳掌侧击

23. 左脚迈出前交叉步，右脚侧踢，转身下落左弓步，助手反手刀下段刺击

24. 左脚不变，右脚回收前行步，顺势下段防御

25. 右脚迈出前行步，顺势手掌下压防御，左脚迈出马步，左肘侧肘侧击

26. 左脚前掌为轴，右脚收回并步，锤拳下段对击

27. 右脚前掌为轴，右后方转身，左脚迈出弓步，顺势手刀横击，接顺势单手刀下段防御

28. 右脚迈出弓步，顺势单手刀内击接顺势单手刀下段防御

29. 左脚迈出弓步，顺势单手刀内击接顺势单手刀下段防御

30. 右脚迈出弓步，顺势虎口前击同时发声

推岩式准备姿势收势

十、金刚

基本准备姿势起势

1. 左脚迈出弓步，内腕分拳中段防御
2. 右脚迈出弓步，顺势手掌前击
3. 左脚迈出弓步，顺势手掌前击
4. 右脚迈出弓步，顺势手掌前击

5. 右脚向后撤回三七步，顺势手刀中段防御

6. 左脚向后撤回三七步，顺势手刀中段防御

7. 右脚向后撤回三七步，顺势手刀中段防御

8. 右脚支撑，左脚提起鹤立步，金刚下段防御

9. 左脚下落马步，右手正拳横击

10. 左脚前掌为轴，右脚迈出，身体呈360度旋转连接右脚掌为轴，左脚迈出马步，右手正拳横击

11. 左脚前掌为轴右脚抬起身体呈90度旋转下落马步，山型防御，同时发声

12. 右脚前掌为轴，身体呈180度旋转左脚迈出马步，内腕分拳中段防御

13. 右脚位置不变，身体站起，左脚回收并排步，分拳下段防御（缓慢发力，5秒）

14. 右脚为轴，身体呈180度旋转，左脚下落马步，山型防御

15. 左脚前掌为轴，身体呈90度旋转，同时右脚抬起呈左鹤立步，金刚下段防御

16. 右脚下落马步，左手正拳前击

17. 右脚前掌为轴，左脚迈出，身体呈360度旋转连接左脚掌为轴，右脚迈出马步，左手正拳横击

18. 左脚支撑，右脚提起鹤立步，金刚下段防御

19. 右脚下落马步，左手正拳前击

20. 右脚前掌为轴，左脚迈出，身体呈360度旋转连接左脚掌为轴，右脚迈出马步，左手正拳横击

21. 右脚前掌为轴左脚抬起身体呈90度旋转下落马步，山型防御，同时发声

22. 左脚前掌为轴，身体呈180度旋转右脚迈出马步，内腕分拳中段防御

23. 左脚位置不变，身体站起，右脚回收并排步，分拳下段防御（缓慢发力，5秒）

24. 左脚为轴，身体呈180度旋转，右脚下落马步，山型防御

25. 右脚前掌为轴，身体呈90度旋转，同时左脚抬起呈左鹤立步，金刚下段防御

26. 左脚下落马步，右手正拳前击

27. 左脚前掌为轴，右脚迈出，身体呈360度旋转连接右脚掌为轴，左脚迈出马步，右手正拳横击

基本准备姿势收势

十一、太白

基本准备姿势起势

1. 左虎步分手刀下段防御
2. 右脚前踢下落弓步两次连续正拳前击
3. 右后转身右虎步分手刀下段防御
4. 左脚前踢下落弓步两次连续正拳前击
5. 左脚弓步逆势燕子手刀
6. 逆势内旋臂防御右弓步正拳前击
7. 逆势内旋臂防御左弓步正拳前击
8. 右弓步逆势正拳前击（配合发声）
9. 左三七步转身迈左脚金刚中段防御
10. 左三七步顺势助手仰拳上击
11. 左三七步正拳侧击
12. 左鹤立步左手收回捶拳侧击准备姿势
13. 左脚侧踢顺势捶拳侧击下落左弓步逆势肘掌对击
14. 右三七步金刚中段防御
15. 右三七步顺势助手仰拳上击
16. 右三七步正拳侧击
17. 右鹤立步左手收回捶拳侧击准备姿势
18. 右脚侧踢顺势捶拳侧击下落右弓步逆势肘掌对击
19. 左三七步双手刀防御
20. 右弓步顺势助手手刀刺击
21. 左弓步右手内旋臂解脱（手背靠于腰）左后转身左弓步顺势三七步背拳侧击
22. 迈右弓步正拳侧击（配合发声）
23. 左后转身左弓步逆势剪刀防御（下段防御与弓步同侧）
24. 右前踢落弓步连续两次正拳前击
25. 右后转身右弓步逆势剪刀防御
26. 左前踢落弓步连续两次正拳前击

基本准备姿势收势

十二、平原

双脚并拢左手在外合叠式起势

1. 右脚为支撑脚,左脚分开并排步,分手刀下段防御
2. 并排步不变,双手缓缓抬起呈推岩式
3. 右脚往右侧迈出三七步,顺势单手刀下段防御
4. 右脚前脚掌为轴向后转身,左脚迈出三七步,顺势单手刀外侧防御
5. 左脚向前迈出弓步,顺势肘上击
6. 右脚前踢,脚尖反向下落,左脚转身侧踢,侧踢后转身下落右三七步,双手刀防御,视线平时右前方
7. 三七步步型不变,双手刀经过头部滑圆弧曲线,双手刀下段防御
8. 左脚前掌为轴,右脚变换为马步,右手助手上段侧向防御,视线平视右前方
9. 右脚抬起,右手助手背拳前击准备,右脚下踩呈马步,右手助手背拳前击,视线平视正前方,同时气合发声,马步步型不变,连接左手助手背拳前击
10. 右脚为支撑脚,左脚向右侧迈出前交叉步,双肘侧击
11. 左脚前掌为轴,右脚向右迈出马步,分拳金刚防御,视线平视右前方
12. 左脚为支撑脚,右脚提膝抬起呈鹤立步,顺势金刚防御,连接右手锤拳侧击准备动作
13. 右脚向右侧踢,下落右弓步,逆势肘上击
14. 左脚前踢,脚尖反向下落,右脚转身侧踢,侧踢后转身下落右三七步,双手刀防御,视线平视左前方
15. 三七步步型不变,双手刀经过头部划圆弧轨迹,双手刀下段防御
16. 右脚前掌为轴,左脚变换为马步,左手助手上段侧向防御,视线平视左前方
17. 左脚抬起,左手助手背拳前击准备,左脚下踩马步,左手助手背拳前击,视线平时正前方,同时气合发声,马步步型不变,连接右手助手背拳前击
18. 左脚为支撑脚,右脚向左侧迈出前交叉步,双肘侧击
19. 右脚前掌为轴,左脚向左侧迈出马步,分拳金刚防御,视线平视左前方
20. 右脚为支撑脚,左脚提膝抬起呈鹤立步,顺势金刚防御,连接左手锤拳

侧击准备动作

21. 左脚向左侧踢，同时锤拳侧击，侧踢下落左弓步，逆势肘掌对击

右脚前掌为轴，左脚收回并步，视线平视正前方，呈合叠准备势收势

十三、十进

基本准备姿势起势

1. 视线平视正前方，并排步步型不变，双拳上举做牛角防御，牛角防御双拳向两侧分开，间隔两个立拳距离

2. 左脚向左侧迈出三七步，顺势助手内腕外侧防御

3. 左拳缓缓平伸变掌，向内侧旋转，左脚向前迈出弓步，逆势反手刀刺击，连接两次正拳前击

4. 左脚前掌为轴，右脚迈出马步转身，分拳山型防御，视线平视右前方

5. 左脚迈出前交叉步，连接右脚迈出马步，右手正拳侧击，同时气合发声，视线平视右前方

6. 左脚前掌为轴，右脚向左前方迈出马步，双肘侧击，视线平视右前方

7. 右脚为支撑脚，左脚回收，双脚并排靠拢，助手内腕外侧防御起始动作准备，连接右脚向右侧迈出三七步，顺势助手内腕外侧防御

8. 右拳平伸变掌，向内侧旋转，右脚向前迈出弓步，逆势反手刀刺击，连接两次正拳前击

9. 右脚前掌为轴，左脚迈出马步转身，分拳山型防御，视线平视左前方

10. 右脚迈出前交叉步，连接左脚迈出马步，左手正拳侧击，同时气合发声

11. 右脚前掌为轴，左脚向右前方迈出马步，双肘侧击

12. 左脚前掌为轴，右脚迈出三七步，顺势助手内腕外侧防御

13. 格挡拳缓缓伸开变掌，向内侧旋转，左脚前掌蹬地，右脚迈出弓步，顺势反手刀刺击，连接两次正拳前击

14. 左脚向左侧迈出三七步，顺势双手刀下段防御

15. 右脚迈出弓步，顺势推岩式

16. 左脚前掌为轴，右脚收回马步，分手刀内腕中段防御，视线平视正前方

17. 马步步型不变，分手刀下段防御

18. 双脚位置不变，缓慢站起，分拳下段防御

19. 右脚前掌为轴，左脚向左迈出弓步，顺势上提拳防御
20. 左弓步不变，逆势推岩式
21. 右脚前踢，下落右弓步，顺势双手长短拳前击
22. 左脚前踢，下落左弓步，顺势双手长短拳前击
23. 右脚前踢，脚尖斜右45度前方下踩后交叉步，助手背拳前击，同时气合发声
24. 右脚前掌为轴，身体向左后方旋转，左脚迈出弓步，逆势推岩式
25. 右脚前掌为轴，左脚回收虎步，十字手刀下段防御
26. 右脚迈出三七步，双手反手刀防御
27. 左脚迈出三七步，顺势双手长短拳前击
28. 右脚迈出三七步，顺势双手长短拳前击

左脚前掌为轴，身体向左后方旋转，右脚回收并排步，呈基本准备姿势收势

第八章　跆拳道运动的安全与医务保健

竞技跆拳道项目在中国有着广泛的群众基础。目前，参与跆拳道训练的人数众多，尤其以青少年为主。业余跆拳道练习者在训练中的运动损伤与专业跆拳道运动员一样不容忽视。在这样的形势下，如何预防跆拳道练习者在训练中发生运动损伤以及损伤之后怎样进行康复训练，成为跆拳道从业者及练习者普遍关注的问题。

第一节　跆拳道运动常见损伤与处理

跆拳道是一种强对抗的运动项目，因此，在其日常的训练和比赛中难免会产生各类的运动损伤，给生活和训练带来困难。所以，如何有效避免和预防运动损伤就显得尤为重要。

一、运动损伤的分类

作为新兴学科的运动损伤，主要学习内容是对运动损伤的发展规律、诊断、预防、治疗与康复进行分析和研究，最大限度地保护运动者的身心健康。无论是跆拳道教练员、运动员，还是跆拳道业余爱好者，在跆拳道的学习中，掌握有关运动损伤产生的规律、特征、预防、治疗、急救等知识都有着十分重要的意义。

在跆拳道运动中，常见的运动损伤可分为开放性损伤、闭合性损伤、急性损伤和慢性损伤。

（一）开放性损伤和闭合性损伤

开放性损伤与闭合性损伤，是根据受伤后皮肤和黏膜的完整情况来判定的。

1. 开放性损伤

开放性损伤，指受伤后，皮肤或黏膜裂开，露出损伤组织，伴有外出血现象，即为开放性损伤。如擦伤、撕裂伤、开放性骨折等都属于开放性损伤。

2. 闭合性损伤

闭合性损伤，指皮肤或黏膜保持完整，没有露出损伤组织，伴有内出血现象，即为闭合性损伤。如肌肉拉伤、关节扭伤、脑震荡、闭合性骨折或关节脱位等都属于闭合性损伤。

（二）急性损伤和慢性损伤

急性损伤与慢性损伤，是根据损伤的病程来划分的。

1. 急性损伤

急性损伤，顾名思义，往往为一瞬间的直接或间接暴力所致的损伤。这类损伤往往会在短时间内表现出来，而伤者对受伤的过程和原因也比较清楚。急性损伤的伤程短，渗出血、肿胀，体征表现明显。

2. 慢性损伤

慢性损伤，则是由轻微伤逐渐积累起来的，并且伤者对损伤的过程和原因不甚清楚。如肌肉劳损和陈旧的损伤是最典型的代表。产生慢性损伤的原因有很多，例如，不规范动作或轻微碰撞逐渐积累；或因身体某局部长期超限地过度负荷，使肌肉组织逐渐劳损；或因急性损伤处理不当或损伤未愈再受伤后的逐渐转化为慢性损伤的病理变化，过程较长，发病缓慢，组织性变、增生、黏连，这样体征表现往往不明显，并具有反复发作和多变的特点。

在跆拳道运动中，脚是重要的攻击部位，很多击打动作都是由脚部来完成的，而腰部则是产生击打力的重要部位。在日常训练和比赛中无论是空击、打沙包还是击打护具，都会产生反作用力，这种反作用力下的踝关节、膝关节以及腰椎关节等都是极易发生慢性损伤的部位。

（三）擦伤

擦伤作为跆拳道运动常见的运动损伤，发生率极高，常表现为伤面有小出血点及擦伤痕迹。例如，在击打过程中，拳、脚背、上下肢或身体其他部位的皮肤受到护具的摩擦而浅层表皮破损等。肘关节、脚背、脚底等，是极易发生擦伤的部位。

擦伤即皮肤的表皮擦伤。如果擦伤部位较浅，只需涂红药水即可；如果擦伤创面较脏或有渗血时，应用生理盐水清洗后再涂上红药水或紫药水。

（四）挫伤

挫伤是由于身体局部受到钝器打击而引起的组织损伤。轻度挫伤不需特殊处理，经冷敷处理24小时后可服用活血化瘀、消肿止痛的中成药，外加理疗。

发生挫伤的部位往往是皮下组织，尤其在肌肉组织发生较多，发生挫伤时，皮肤表面并无破损现象。跆拳道运动的对抗性非常强，在脚踢、拳打或发生身体冲撞等动作时都有可能发生挫伤，有的发生在肌肉表层，有的则发生在肌肉深层，严重的还可发生肌纤维撕裂。挫伤主要发生在躯干、手臂、脚踝、大腿、小腿和睾丸等身体部位。

（五）急性腰扭伤

当发生急性腰扭伤时应该让患者仰卧在垫得较厚的木床上，腰下垫一个枕头，先冷敷后热敷。

（六）关节扭伤

踝关节、膝关节、腕关节扭伤时，将扭伤部位垫高，先冷敷，2～3天后再热敷。如扭伤部位肿胀、皮肤青紫和疼痛，可参照"肌肉拉伤"处理。

软组织撕裂以及断裂所造成的损伤称为扭伤。突发性的爆发力是跆拳道的主要发力方式。其速度非常之快，并且转换时非常迅捷，因此很容易发生扭伤。扭伤主要在各关节部位发生较多，如膝关节、踝关节、肘关节、肩关节、腕关节及大、小腿后群肌肉等。

（七）骨折

骨伤是跆拳道运动中一种比较常见的运动损伤。如关节脱位、小腿胫骨与腓骨骨折等都是常见的骨伤。此外，前臂及腕关节处等部位也较为容易发生骨伤。骨折可分为开放性骨折和闭合性骨折。

（八）抽筋

抽筋也称为痉挛，它的主要处理方法是设法使痉挛的肌肉松弛，切忌慌乱，肌肉舒展方法有：立刻休息，对局部施加均匀的压力，然后缓慢而且持续地拉长它，使它放松，主要出现的部位及处理方法如下：

（1）手指痉挛：先握紧拳头，然后用力伸张，往复行之，至复原而后止。

（2）手掌痉挛：两掌相合手指交叉，反转掌心向外，用力伸张向后弯，或两掌相合，一掌用力压另一掌向后弯，或一手握另一手四指，用力向后弯，往复行之，至复原而后止。

（3）小臂痉挛：先紧握拳头，小臂屈肩，然后伸臂伸掌，往复行之，至复原而后止。

（4）足趾痉挛：一腿伸直，以痉挛之足趾抵住另一足足根，用足跟尽力压迫足趾，使足掌尽量向后弯，或用手握住足趾，用力向后拉，往复行之，至复原而后止。

（5）小腿痉挛：多为腓肠肌痉挛，以一手握住足趾，用力向后扳拉，另一手抵住膝盖，用力下压，使腿伸直，往复行之，至复原而后止。

（6）大腿痉挛：屈膝屈髋，使腿屈于腹前，用双手抱住小腿，用力内收数次，然后将腿伸直，往复行之，至复原而后止。

（7）腹部痉挛：若为腹部肌肉抽筋，屈双腿近腹部，然后缓缓伸直，往复行之，至复原而后止。

（8）胃部抽筋：最严重的抽筋部位，除去突然抽筋外，还有颇为苦楚的剧痛以致身体不由自主地蜷曲起来。胃部抽筋应设法引人救援。

抽筋预防方法有以下五点。

（1）不要过分疲劳。

（2）适当地补充盐分。

（3）要先做热身运动及伸展操。

（4）避免穿戴太紧的衣物或护具。

（5）心情要放松。

（九）击倒后的休克

在跆拳道比赛中，头部是重要的得分部位。按照其比赛规则，击中头部即得2分，击中头部并且对手被强制读秒则追加1分，因此，头部往往是比赛中重要的攻击部位。当某一方因头部、颈侧或胸腹部神经丛遭受重击后，常常会出现瞬间休克和短暂的意识丧失，甚至会出现昏迷。

（十）其他部位

由于跆拳道运动的对抗性很强，身体的很多部位都是被击打的目标。因此，除了上述所讲的部位之外，眉弓、眼、鼻、耳廓还有牙齿等部位都极容易受到运动损伤。

二、跆拳道运动常见的损伤处理

（一）击倒后昏迷

因跆拳道运动的其对抗性很强，因重击而导致瞬间休克或昏迷的情况比较常见。当被击中头部等要害部位时，极易导致出现短暂的意识障碍而倒地不起或神志不清、站立不稳、动作失调、双目失神等现象。

1. 脑震荡

头部在遭受重击后极易出现的损伤，发生脑震荡时，伤者会表现出短暂的意识障碍。如运动员被重击之后出现意识障碍，此时就要先检查运动员的两眼瞳孔，首先观察一下左右瞳孔是否对称一致。一旦发现两瞳孔大小不一，则说明伤者出现了脑震荡，需及时送医院救治，在此期间，可用拇指强刺激伤者的人中、内关、涌泉、足三里等穴位而不致延误时间。运动员如果发生了脑震荡，至少要停止训练和比赛一个月。

2. 裆部、睾丸受伤

在跆拳道运动中，当裆部、睾丸被击中时，一人抱住伤者腰部，伤者自己托住裆部以向上跳或蹲下的方法进行缓解。若受伤比较严重时，一定要进行检查。首先看外部是否出血，再看睾丸是否进入腹腔。如果出现外部出血、睾丸进入腹腔等情况，则应立即就医。

3. 腹部、腹腔神经丛遭重击

当腹部、腹腔神经丛遭重击时也会出现暂时性休克状态，与脑震荡不同的是，此时伤者意识比较清楚，但都无法正常用语言表达。若伤者经过一定时间休息后能恢复正常，则可继续参见运动或比赛，如经休息后依旧感觉不适，则应就医。

4. 击中颈动脉

当运动员因颈动脉遭受重击而休克或昏迷时,应高度重视,可采取脑震荡的处理方法进行急救。

5. 处理休克常用的应急措施

(1)体位。使伤员处于正确体位,将头和躯干抬高10厘米,下肢抬高20厘米,增加回心血量,使脑部得到充足的血液和氧气。

(2)保暖。给伤者盖上棉被或其他保暖用品,以免受凉,防止伤情恶化或发生并发症。

(3)保持呼吸顺畅。当颈部动脉被击中时,会导致伤者呼吸困难体内氧气供应不足,二氧化碳逐渐堆积。若不能及时改善伤者的呼吸,必然会使伤者的休克情况恶化。因此,一旦颈动脉被击中,应及时检查伤者口腔内是否有血块或呕吐物,并观察伤者的瞳孔、呼吸、脉搏等情况;并检查是否伴有脑震荡,若没有,则立即进行人工呼吸,帮助伤者恢复,或立即送入医院诊治。由于此类伤的情况比较特殊,因而需要经验丰富的医生及时进行处理。不可大意或延误时间。

(4)控制内外出血。在跆拳道比赛中,当头部或胸腹部遭受重击时,可能会出现不同程度的内、外出血。当出现这种情况时,如果伤者内出血比较严重,应及时让伤者内服止血药,然后转送医院治疗。若是外伤出血者,应及时采用止血法进行无菌加压包扎止血,酌情就医。

(二)擦伤

在运动中,当出现表皮擦伤时,用生理盐水冲洗后用凡士林油纱布包扎伤者患处。这样既可以及时止血,又可以保护擦伤皮肤表面、避免感染。若发生鼻子出血时,则用食指、拇指相对压迫鼻翼两侧,用冰袋进行冷敷。如需继续比赛则用麻黄素棉球塞入鼻孔内,但塞的时间不宜过长,否则会影响呼吸。虽然擦伤一般不会影响比赛的继续进行,但应及时而妥善处理,严防感染。

(三)软组织挫伤

软组织挫伤一般有韧带、肌腱及肌肉的撕裂、断裂与挫伤。当发生软组织挫伤时,首先要检查患处,确定受伤类型和有无其他并发症。并及时用镇痛冷雾剂喷洒伤者的患处,也可凉水冲洗,如有需要可外敷消肿止痛药,并使用绷带加压包扎固定。

（四）骨伤

1. 开放性骨折脱位

在跆拳道运动中，一旦出现开放性骨折脱位，先应对伤者进行止血处理，对伤口消毒并用消毒纱布包扎做临时固定，然后转送医院治疗不要将凸出于创口外的骨端回纳，即不要对骨骼复位，以免感染。

2. 闭合性骨折

当发生闭合性骨折时，应在最短时间内对伤员就地施行整复手术。因为损伤发生的短时间内肌肉组织出血和肿胀尚未到达最高值，此时对损伤部位进行复位治疗比较容易，但伤情严重时应及时就医，以免延误诊治时间而引发严重后果。

在跆拳道的训练和比赛场地，应配备已取得跆拳道专业医务监督资格且临床经验丰富的医生，且需要配备必备的医疗器材、常用药品，并制订应急方案，一旦发生损伤时可以及时进行现场治疗。总之，当损伤发生时，无论严重与否，都应该在医务人员的指导下处置，且不可擅自处理，以免延误最佳治疗时机而引发严重后果。

第二节　跆拳道运动损伤的预防

任何运动损伤的发生，都有其发生的机制、原因和规律，在训练比赛中要弄清损伤发生的原因，掌握损伤发生的规律，特别是对运动员的身体状况、技术水平与能力、易发生损伤的部位（身体的薄弱部位）等，要了如指掌，做到心中有数，才能有效地预防各类损伤的发生。

一、强化身体体能和专项运动技能的训练

发生运动损伤多与身体机能水平、专项运动技能，特别是各类身体素质的强弱有关。当身体素质不能满足专项运动技能的需要时，强行去完成一些难度较高的踢击动作或爆发力大的动作，则极易发生扭伤、挫伤及各关节韧带的撕裂伤，严重时还可能造成肌肉韧带的断裂；当运动员的专项技术水平达不到实战、比赛的要求，特别是专项基本技术不成熟时，一些超越运动员自身能力水

平的训练实战对抗练习,同样也会造成上述损伤事故的发生,可能因技术水平低而在对抗练习中遭受不必要的击打,甚至危及生命。因此,强化身体机能和专项运动技能的训练,能有效地预防、减少跆拳道运动员损伤。除此以外,还应加强身体一些易受伤部位的力量训练,由于跆拳道是对抗性极强的运动,所以某些部位容易受伤,如踝、膝等关节部位。加强股四头肌的力量可以加固膝关节,减少损伤;加强腰部力量,可以防止腰肌劳损及因其他因素引起的腰部损伤;多做提踵练习来加强踝关节力量,防止踝关节挫伤;加强身体的抗击打训练,可以预防和减轻因踢击而发生的四肢挫伤等。

二、安排训练科学化、合理化

作为一个紧张激烈而富于变化的对抗性竞技体育运动,顽强拼搏、坚忍不拔的意志品质是一个跆拳道运动员必备的心理素质之一,不惧对手、不畏艰辛是跆拳道精神的具体体现。在比赛中我们可以要求运动员这样去做,但是在平时训练中必须遵循运动训练的规律和跆拳道运动的特点,应针对运动员不同年龄、不同水平、不同身体机能的实际情况,在训练的安排上,特别是实战等对抗性练习,要做到因人而异,循序渐进,科学地安排运动负荷,合理地制订练习内容。疲劳训练、水平悬殊或体重悬殊的对抗练习等都是造成损伤发生的原因之一。值得注意的是在踢脚靶及护具靶练习中,空击动作也可能造成膝、踝关节不同程度的损伤,基于此,如何持靶也是训练过程中的一项基本训练内容。预防训练中损伤的发生,还应落实防护措施,做好防护工作,对抗练习时,要穿戴好全套护具,特别是护头与护裆。要养成穿戴护具的习惯,形成制度并在训练中切实执行。

三、加强医务监督

建立和健全医务监督制度,是预防运动损伤的重要措施之一。在比赛中必须格执行医务监督条例,尊重和服从医务人员的建议与决定。在平时训练中也应加强医务监督,对运动员的各项生理、生化指标及训练过程进行监控和检查,及时了解、掌握运动员对训练的反应,如运动负荷是否合理、强度与密度是否恰当、是否疲劳及训练的手段方法是否有效等;特别是伤后、病后的恢复情况,更应做到心中有数,为科学合理地安排训练与比赛提供依据。在训练过程中要合理地安排好运动员的训练与休息，必要的调整是保证训练正常进行和恢复疲劳的重要环节。

四、准备活动要充分

跆拳道运动是一项强对抗的交手项目，动作幅度大，有直接身体接触，常常有突然性的爆发式发力，需要身体特别是四肢有较好的柔韧性并保证各关节的灵活性。因此在跆拳道训练中要有充分的准备活动，将躯干、四肢的大肌肉群及各关节活动开，应特别注意大小腿韧带的伸展练习，以确保在完成难度较高的踢击腿法时避免受伤。准备活动要形式多样，丰富多彩，提高运动员的参与兴趣；要与训练课的主要任务相衔接（准备活动专项化），既达到活动身体的目的，也能为训练课的主要任务服务，一举两得。

五、严格执行规则，严禁开玩笑

跆拳道是按体重级别进行比赛的，体重的差别有一定限度，因此，应严格按照体重级别参加比赛和实战训练并严格执行规则，以规则为准绳。安排体重相差较大的两人对抗练习时，应在教师的监督和指导下进行，教师要全程监控，随时视情况暂停或中止练习，防止损伤发生。跆拳道对抗是紧张激烈的，且变化万千，在比赛中不确定因素较多，偶然性强，双方运动员都应注意力高度集中，认真对待每一个环节，保持一定的紧张度很有必要，即使是在训练中也不可嬉戏或开玩笑，任何放松和疏忽都可能造成伤害事故的发生。

参考文献

［1］陈占奎，张秀兵.跆拳道入门到精通［M］.北京：化学工业出版社，2019.
［2］孙茂君.跆拳道［M］.苏州：江苏凤凰科学技术出版社，2018.
［3］杨小芳.跆拳道训练理论与实践研究［M］.北京：北京工业大学出版社，2019.
［4］卓岩.公共体育课之跆拳道课程［M］.成都：西南交通大学出版社，2019.
［5］牛继超.跆拳道教学与研究［M］.北京：航空工业出版社，2019.
［6］钟宏，窦正毅.现代跆拳道品势教程［M］.北京：现代教育出版社，2019.
［7］张龙.传统跆拳道系统入门手册［M］.北京：清华大学出版社，2019.
［8］朱百锋.跆拳道竞技品势训练教程［M］.北京：北京工业大学出版社，2018.
［9］颜红伟.竞技跆拳道核心基本技术"八腿一拳"解析［M］.北京：北京体育大学出版社，2018.
［10］饶英.跆拳道理论与实践研究［M］.北京：人民日报出版社，2017.
［11］杜七一.跆拳道实用教程［M］.武汉：湖北科学技术出版社，2016.
［12］马波.跆拳道技能训练［M］.北京：中国书籍出版社，2015.
［13］黄生勇，郭鹏举.跆拳道［M］.西安：西安电子科技大学出版社，2015.
［14］段晓峰，赵子旭，牛雪彤.看图学跆拳道［M］.北京：人民邮电出版社，2015.
［15］曾于九.竞技跆拳道训练［M］.北京：人民体育出版社，2014.
［16］魏全斌.跆拳道［M］.北京：北京师范大学出版社，2014.
［17］杨龙，金基洞.跆拳道快速入门与实战技术［M］.成都：成都时代出版社，2014.
［18］周然然.山东省优秀女子跆拳道运动员推踢技术比赛分析［D］.山东：山东体育学院，2017.
［19］肖娜.反思的身体与审美的生活［D］.石家庄：河北师范大学，2013.
［20］陈宇.竞技武术套路运动的美学理解与美学特征的时代审思［D］.成都：成都体育学院，2012.

[21] 王伟. 规则变化对跆拳道技战术发展方向的影响[D]. 北京：北京体育大学，2017.

[22] 于镇豪. 跆拳道竞赛规则中场地变化对技战术的影响研究[D]. 北京：北京体育大学，2017.

[23] 曾丙熙. 第31届奥运会跆拳道女子49公斤级比赛技战术统计研究[D]. 武汉：武汉体育学院，2017.

[24] 刘亚琼. 国内外轻量级男子跆拳道运动员技战术对比分析研究[D]. 陕西：陕西师范大学，2017.

[25] 程龙. 2015年跆拳道世界杯团体赛中国女子运动员技战术运用研究[D]. 北京：北京体育大学，2017.

[26] 李丽廷. 世界跆拳道女子——49kg级优秀运动员技战术运用的特征[D]. 北京：北京体育大学，2017.

[27] 张楠. 第12届全运会跆拳道女子大级别技战术特征研究[D]. 北京：北京体育大学，2015.

[28] 刘晶. 第十二届全运会跆拳道女子中小级别技术统计与分析[D]. 北京：北京体育大学，2015.

[29] 杨永晶. 我国女子跆拳道奥运冠军特征模型研究[D]. 武汉：武汉体育学院，2013.

[30] 张东岳. 第十二届全运会男子跆拳道运动员前腿推踢技战术变化研究[D]. 北京：北京体育大学，2015.

[31] 谢敏敏. 第十二届全运会跆拳道决赛女子运动员组合技术运用分析[D]. 武汉：武汉体育学院，2015.

[32] 张怡江. 跆拳道竞赛规则的改变对男子技术运用的对比研究[D]. 武汉：武汉体育学院，2018.

[33] 郑洪宇. 2016年里约奥运会跆拳道比赛女子决赛选手技战术特征研究[D]. 北京：北京体育大学，2018.

[34] 柯善斌. 跆拳道竞赛规则的改变对女子优秀运动员技术运用的对比研究[D]. 武汉：武汉体育学院，2018.

[35] 钟依苓. 新规则下跆拳道女子击头技战术运用研究[D]. 桂林：广西师范大学，2018.

[36] 薛娴静. 新规则下2013年全运会女子跆拳道高位技术运用分析[J]. 武术研究，2018，3（1）：94-96.

[37] 周惠新, 蒋毅. 身体哲学视角下跆拳道运动审美研究 [J]. 搏击（武术科学）, 2014（11）: 75-77.

[38] 刘宏伟. 跆拳道反击战术的结构与应用策略 [J]. 成都体育学院学报, 2012（8）: 56-58.

[39] 乔长泽, 李来. 论电子护头使用下跆拳道击头技术的攻防理论体系 [J]. 中国体育科技, 2016（3）: 124-131.

[40] 林大参, 高志红, 吴建忠. 新规则和电子护头下跆拳道比赛击头技、战术运用特征分析 [J]. 中国体育科技, 2015, 51（6）: 103-107.

[41] 马晓利, 刘卫军. 2013年世界跆拳道锦标赛女子决赛运动员技术特征分析 [J]. 北京体育大学学报, 2015（2）: 117-121.

[42] 李爱华, 王苗, 文靖. 第18届亚洲运动会跆拳道品势比赛技术分析 [J]. 中国多媒体与网络教学学报（上旬刊）, 2019（10）: 55-60.

[43] 王勇, 石曼曼. 跆拳道新规则的实施对裁判员执裁的影响 [J]. 兰州文理学院学报: 自然科学版, 2017, 31（1）: 100-104.

[44] 姜菲菲, 昝新, 苏玥. 核心力量对跆拳道品势运动员动作流畅性的影响 [J]. 田径, 中国学校体育, 2015（S1）: 119.

[45] 简志海. 跆拳道品势侧踢技术训练方法实验研究 [J]. 武术研究, 2016（5）: 89-90.

[46] 苏健蛟, 张颖慧. 不同重量级别跆拳道运动员横踢技术动作的生物力学特征分析 [J]. 西安体育学院学报, 2019（2）: 220-226.

[47] 苏彦炬, 吴贻刚, 袁艳, 等. 拳击后手直拳下肢快速发力对出拳速度的影响 [J]. 中国体育科技, 2013（2）: 118-122.

[48] 李春雷. 我国体能训练反思与奥运会备战展望 [J]. 体育学研究, 2019（4）: 60-69.

[49] 张嘉益, 张晓东. 跆拳道国家队出征2020东京奥运会的前景与展望 [J]. 贵州体育科技, 2018（4）: 39-42.